古代歷史文化研究輯刊

十九編

王明蓀 主編

第 30 冊

郭店楚墓竹簡《老子》書法研究（上）

蕭順杰 著

國家圖書館出版品預行編目資料

郭店楚墓竹簡《老子》書法研究（上）／蕭順杰 著 — 初版 —
新北市：花木蘭文化事業有限公司，2018〔民107〕
目 2+136 面；19×26 公分
（古代歷史文化研究輯刊 十九編；第 30 冊）
ISBN 978-986-485-426-4（精裝）
1. 簡牘　2. 書法
618　　　　　　　　　　　　　　　　　　107002324

ISBN-978-986-485-426-4

古代歷史文化研究輯刊
十九編　第三十冊　　　　　　　ISBN：978-986-485-426-4

郭店楚墓竹簡《老子》書法研究（上）

作　　者　蕭順杰
主　　編　王明蓀
總 編 輯　杜潔祥
副總編輯　楊嘉樂
編　　輯　許郁翎、王筑　美術編輯　陳逸婷
出　　版　花木蘭文化事業有限公司
發 行 人　高小娟
聯絡地址　235 新北市中和區中安街七二號十三樓
　　　　　電話：02-2923-1455／傳真：02-2923-1452
網　　址　http://www.huamulan.tw　信箱　hml810518@gmail.com
印　　刷　普羅文化出版廣告事業
初　　版　2018 年 3 月
全書字數　196879 字
定　　價　十九編 39 冊（精裝）台幣 100,000 元　　　版權所有・請勿翻印

郭店楚墓竹簡《老子》書法研究（上）

蕭順杰　著

作者簡介

蕭順杰，1963 出生於臺灣南投縣

學歷：2008 年暨 2014 年就讀國立臺灣藝術大學書畫藝術學系碩士、博士班。

經歷：現任彰化縣文化局藝文研習書法、篆刻教師、國立中興大學書法社篆刻教師；歷任全國
　　　性書法比賽評審等。

獲獎：

書法類：曾獲桃城美展——丁奇獎、玉山美展首獎、桃源美展書畫部第一名、新莊美展、桃源
　　　　美展、公教美展、行天宮全國書法比賽創意組等第一名。

篆刻類：曾獲全省美展、明宗獎優選、礦溪美展佳作、全國美展、大墩美展入選等。

提　　要

　　1993 年於湖北省荊門市郭店村所挖掘出戰國中晚期的郭店楚墓竹簡，其文字不同於馬王堆出土的帛書《老子》為接近成熟定型的漢隸書體，書法字體優美典雅、秀麗婉約，頗具六國古文典型楚系文字的特性，就書法史而論，它不同於鐘鼎金石碑刻文字，為眞實的書寫墨跡，更能忠實反映當時書寫的眞實面。因此，最古老版本《老子》之書法藝術，在當時的書法狀況及字形演化狀況頗有探究價值。本文並以郭店楚簡《老子》文字之書法風格構成為研究主題，透過古代書學理論、文字造形及視覺效果深入探討分析其書法特色與美感原理。

　　郭店楚簡《老子》書法之用筆並無固定模式，主要特徵之一是參雜著正、側鋒用筆，其筆畫起筆十分強而有力，且行筆速度快而氣勢強勁。那種強勢而又帶有率意流美的風格中，共通的特性是在同一個筆畫內的粗細對比變化至巨，某些筆畫也見狀似蝌蚪的線性表現，可謂「用筆多方」。其用筆表現大致可歸納為側、折、轉、迴、中、頓、拖甩、橫波和隸書「雁尾」波磔等筆法；筆畫線質時見貫通楷意的永字八法「側、勒、努、趯、策、掠、啄、磔」及斜鈎等筆法特性，同時兼具表現有起、止筆相呼應、筆畫間相映帶鈎連、筆斷意連的行、草書特質，且向、背、順、逆各種筆勢表現兼具，單字結字的筆畫及部件大小、寬窄、疏密、位置、斜正及誇張等體勢，變化甚極而豐富。

　　郭店楚簡《老子》書法的字形體勢以縱長者居多，橫向取勢的結字亦甚多見，其間亦有方正字形，在每字獨立的篆書中，其篇幅章法字形有大小、疏密、長短，線條有粗細、輕重，墨色潤燥相參，字態攲側多姿、饒富變化，呈現字距不等、各列不對齊，布字排列參差錯落如眾星羅列，極為自然。而上下的字勢左右擺蕩其中軸線可以行氣連貫多者達七、八字，少者單字或二、三字，行氣脈絡有節奏性的變化。

　　竹簡《老子》的文字屬於戰國古文，在其時代大量使用許多通假字、古今字、異體字，且文字亦有省變或訛變等字形狀況，誠然其書法充滿著濃郁的南方地域特色，但緣於其文字構形承襲自殷周，許多字形仍保留與殷周相同，與其他四系文字構形亦有異有同，儘管如此，亦難掩其強烈的楚系文字特性，許多文字更為其所獨有，例如其中的「弗、歲」二字，獨異的造形更是其他四系所少見。

目次

第一章　緒　論

第一節　研究動機

　　1993 年於湖北省荊門市郭店村所挖掘出的郭店楚墓竹簡，年代約在戰國晚期或戰國中期偏晚。這批出土的文字爲典型的楚國文字，書法字體優美典雅、秀麗婉約，頗具六國古文楚系文字的特性。出土的十六篇經書內容爲道家與儒家重要的典籍，並非一般的公文或文書，書法堪稱精品，經由精於書藝的專人所抄寫的可能性甚高。而該批珍貴素材已爲學術界多年研究並有豐碩成果，而以書法藝術面向進行研究則寥若晨星。

　　《老子》爲道家一部重要典籍，隨著湖南省長沙馬王堆帛書和湖北省荊門郭店楚簡《老子》相繼出土，已引起學術界相當的重視，歷年來並有不少相關研究論著。就書法史而論，馬王堆出土的帛書《老子》爲接近成熟定型的漢隸書體，而荊門郭店出土的楚簡《老子》則爲目前所見最爲古老之版本，書體屬於戰國時期六國古文的楚系文字。它不同於鐘鼎金石碑刻文字，爲眞實的書寫墨跡，更能忠實反映當時書寫的眞實面。因此，最古老版本《老子》之書法藝術，在當時的書法狀況及從六國古文篆書到漢初馬王堆帛書之隸書，字形演化狀況頗有探究價值。本文並以郭店楚簡《老子》文字之書法風格構成爲研究主題，透過古代書學理論、文字造形及視覺藝術深入探討分析其書法特色與美感原理。

第二節　研究目的

　　新出土的簡帛文字，猶如待耕的沃野，因爲是書法眞蹟，其書法藝術頗有研究墾植耕耘的價值，在近年來已成爲研究的新領域。

　　而楚系文字特殊的圓弧造形和使用大量的通假、假借字，字形與較熟悉之秦系文子有顯著不同，常予人有深奧難識的神秘印象，有難得其門而入之感。雖然目前已有不乏相關之研究論文發表，但多爲就同一出土地之簡牘文字書風做橫向全面性之研究，較少縱深的探索。本論文期望透過對郭店楚簡《老子》部分做範圍較小縱向的深入研究，而對楚系文字有較深的體認，進而提升個人的書法藝術創作層次。主要研究目的爲：

　　（一）瞭解東周楚系文字的出土現況、郭店楚墓竹簡的發掘與形制、內容及所處的時代背景。

　　（二）探索郭店楚簡《老子》的內容、甲本與丙本同文的字形、通假字、《老子》與《太一生水》、標誌符號和文字造形。

　　（三）窺探楚系文字構形的傳承與特質、楚簡《老子》的文字構形、結體的特色與書手。

　　（四）探析楚簡《老子》書法的用筆體勢、布字排列與行氣、書法 藝術的表和楚簡《老子》在楚系簡帛中的書風特色。

第三節　研究內容與範圍

一、研究內容

　　本研究僅就郭店楚簡《老子》之文字構形、結體特性、用筆分析與布字行氣章法等書法層面做爲分析研究爲主。文字內容屬文字學領域則非所長，僅借用參考現有研究成果；另書寫材質亦非本論文研究重心。

二、研究範圍

　　郭店楚簡《老子》甲、乙、丙本字數有限，對研究廣度可能不夠，但可以做較深層探討。因此，研究範圍將以郭店楚簡《老子》中（重）心，兼論《老子》與《太一生水》的關係，並旁及《老子》和其他與其同時出土的郭店楚簡書法比較分析，再漸次擴大到《老子》與楚簡帛書乃至整個楚系文字

的書法藝術狀況，並探討東周春秋戰國時期齊、燕、秦、楚、三晉五系書法的特色及風貌；另在探討文字演進時會上溯至西周、商代，下探至秦、漢，一窺書法字形演變的狀況和風貌。

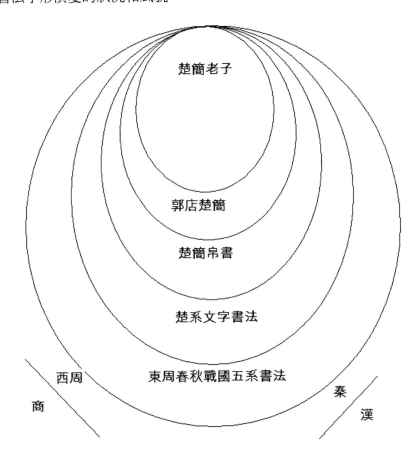

楚簡老子

郭店楚簡

楚簡帛書

楚系文字書法

東周春秋戰國五系書法

西周

商

秦

漢

第四節　研究方法

一、資料圖檔數位法

（一）建立郭店楚墓竹簡電子圖檔資料庫

　　將郭店楚墓竹簡《老子》與《太一生水》掃瞄，利用電腦逐字裁剪、做明暗處理使字蹟更清晰及編碼加釋文建檔，大分類存入資料夾，再依屬性或同字編輯作細部分類建檔，建立字形資料庫，以利分析比較研究。

資料庫建立按原書掃瞄存放母資料夾，再複製另存子資料夾，逐字裁剪、放大和編碼處理後再另存於《老子》甲、乙、丙本及《太一生水》裁剪資料夾。於子資料夾依相同字或同屬性字集合存置於若干根資料夾，共集合《老子》甲、乙、丙本1712字，《太一生水》共282字（如圖1至圖3）。

（二）建立郭店楚墓竹簡《老子》甲、乙、丙本與《太一生水》釋文文字檔

依據「荊門市博物館所編《郭店楚墓竹簡》，文物出版社1998年5月。」之釋文，以電腦文書處理軟體建立《老子》甲、乙、丙本與《太一生水》全文文字檔，並註明竹簡編號，以利論文寫作資料引用參考。

二、文獻分析法

（一）蒐集閱讀郭店楚簡相關形制、文字考證、識讀等之研究論文和期刊資料。

（二）研讀戰國、秦、漢時期相關歷史文化，探索郭店楚墓竹簡《老子》甲、乙、丙本與《太一生水》之時代背景。

（三）研讀相關書法美學、書法分析及書法鑑賞等書籍。

三、圖像比較法

從書法藝術角度將有關研究資料分類，利用建檔之字形資料庫和相關工具書，以表格排列進行分析比對研究。

四、模擬實驗法

分別以狼毫、兼毫、羊毫和長鋒、短鋒毛筆參照試寫，除小字儘量依原跡之大小輕重模擬抄寫外，並放大字體拭寫，深入體驗感受其書法用筆之偃仰提按、結字之大小疏密、章法之開合跌宕等藝術表現，以探窺郭店楚簡之書法奧秘（如圖4至圖6），祈望於論文研究上有所助益。

五、統整歸納法

就所有建立之數位電子檔資料與所蒐集之論文期刊等文獻資料，依不同性質類別統整歸納，對照排比加以分析，梳理呈現完整郭店《老子》書法全貌。

　　此外，本人雖未親眼目睹郭店楚簡樣貌，但於 2009 年 7 月底前往大陸甘肅省甘肅博物館參觀時，有幸見識到 1999 年武威磨嘴子漢墓出土之漢代《儀禮》簡，其簡長 51～56 釐米，比郭店楚簡《老子》甲本長約 20 釐米；寬 0.5～0.8 釐米，與郭店楚簡寬度相仿。簡分木質和竹質兩種，共 496 枚，為甲、乙、丙三種版本《儀禮》。每簡正面書字一行，甲本每簡容 60 字左右；乙本每簡百餘字；丙本為竹簡，每簡 20～60 字不等。

　　該批漢簡雖僅展出少部份甲簡且封存於液體透明管內，然其書寫墨跡如新，書法工整秀麗，是漢代墨寫隸書的上品（如圖 7 至圖 10）。此批《儀禮》簡較郭店楚簡為長，而寬度相若，同為真實墨跡書法，可窺探當時的書寫狀況。

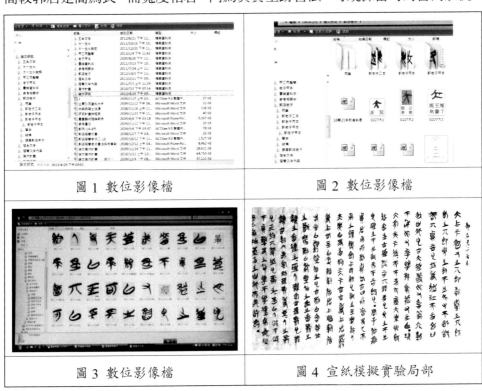

圖 1　數位影像檔	圖 2　數位影像檔
圖 3　數位影像檔	圖 4　宣紙模擬實驗局部

圖 5 同尺寸竹簡模擬實驗局部

圖 6 同尺寸竹簡宣紙模擬實驗局部

圖 7 作者於甘肅博物館參觀

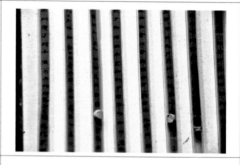

圖 8 漢代《儀禮》簡局部

圖 9 漢代《儀禮》簡局部

圖 10 漢代《儀禮》簡局部

第五節 主要引用資料分析

一、《郭店楚墓竹簡》，北京，文物出版社，1998 年 5 月。

此書主要記載對郭店楚簡《老子》等十六篇典籍的發掘出土經過、竹簡形制、文字內容、釋文及注釋等，並刊載有完整的竹簡圖像，是本人研究的重要刊物。

二、郭店楚墓竹簡《老子》甲，北京，文物出版社，2002 年 10 月。

此書爲楚簡《老子》甲本 39 枚竹簡墨跡之放大本，內容除字體放大外，對相關釋文及出土研究報告有相當之記錄；另對墓主的身分、墓葬年代、地域環境及出土的十六篇典籍亦多所著墨，有利於本人研究。

三、郭店楚墓竹簡《老子》乙、丙，北京，文物出版社，2002 年 10 月。

此書將楚簡《老子》乙本 18 枚及丙本 14 枚竹簡合訂爲一本，內容爲墨跡放大、釋文、標誌符號、竹簡及乙、丙的內容說明。

四、郭店楚墓竹簡《太一生水》，北京，文物出版社，2002 年 10 月。

此書將楚簡《太一生水》本 14 枚之墨跡放大、釋文、標誌符號、竹簡的內容說明。

五、何琳儀：《戰國古文字聲系》，北京，中華書局，1998 年 9 月。

全書分上、下二冊，爲一部綜合字典，以聲系繫聯法收錄戰國各類文字，除字表外，兼顧字義、詞義，有利於文字形體比較。比較法是考釋古文字的核心，而相同時代的橫向比較相較於不同時代的縱向比較更爲精確，此書提供較多的比較對象，並引甲骨文、金文原篆貫通文字源流有利於字根的探索。

六、尹振環：《楚簡老子辨析》，北京，中華書局，2001 年 11 月。

此書副標題爲楚簡與帛書老子的比較研究，分作「比較研究部分」與「釋析部分」，即有文獻學的考訂又有思想史的辨析。釐清楚簡老子以小方塊、一橫杠、空格、彎鉤爲原始分章符號，對同聲假借字、一字多借假借字、省寫、

簡化假借字、古通借字等釋讀多有推敲。丙本相當於今本 64 章與甲本有重文部分，文字與字體不同。楚簡丙本比甲、乙本短，與太一生水合篇一冊，重文部分與太一生水值得研究比較。

七、劉信芳：《荊門郭店竹簡老子解詁》，台北，藝文印書館，民國 88 年 1 月。

本書作者是位古文字學家，資料嫻熟，對楚國簡牘帛書有深入的研究，根據竹簡古文對傳本老子的文句重加隸定與詮釋，重點討論竹簡本與帛書本、傳世諸本相異文字。太一生水篇與老子關係密切多有討論，附錄帛書本、王弼本相關章節，竹簡老子與太一生水文字通檢，便於研究。

八、聶中慶：《郭店楚簡老子研究》，北京，中華書局，2004 年 2 月。

該書總結學術界對郭店老子的研究成果，把郭店一號墓的年代、墓主人的身、如何認識早期儒道關係、老子中的「有「」無」關係和如何認識郭店老子甲乙丙的文本構成及其與五千言老子完本的關係作了詳盡介紹，並分析郭店老子甲乙丙三文本的構成問題，提出了頗有新意的獨到見解。

九、〔美〕韓祿伯著（邢文改編，余瑾翻譯）：《簡帛老子研究》，北京，學苑出版社，2002 年 1 月。

此書對於郭店楚簡老子與馬王堆帛書老子有詳細比較研究，其中對郭店老子之墓葬年代、甲、乙、丙本、分章符號與章節劃分、舉列有趣例子、竹簡老子的哲學思想等多所論述。除簡帛老子釋文注釋外說明外，附錄司馬遷史記老子列傳，楚簡老子、帛書老子和今本老子逐行比較，對本人之研究多所助益。

十、廖名春：《郭店楚簡老子校釋》，北京，清華大學出版社，2003 年 6 月。

本書是郭店楚簡老子文字詞句的校釋之作，對於郭店老子與帛書老子之關係、郭店楚簡老子的思想和學術淵源、郭店老子三種抄本出現的原因、楚簡與楚文化的關係、老子原書的本來面貌和著作的時代等均有探討。提出四

點新見：釋出或隸定一些新字、對簡文提出了新的解釋、對甲本的編連做了些許調整、根據考釋結果，對老子原書的原貌做了一定的分析。

十一、《郭店楚簡研究》，中國哲學第二十輯，遼寧教育出版社，1999 年 1 月。

此書載錄杜維明、龐朴、李學勤、廖明春等廿餘名著名學者共廿八篇有關郭店楚簡出土的相關論文，以及國際儒聯首次楚簡研討會、美國郭店老子國際研討會綜述、郭店楚墓竹簡學術研討會述要等論文，對本人論文書作提供諸多參考。

十二、池田知久監修：《郭店楚簡研究（一）至（五）》，大東文化大學郭店楚簡研究班，東京，大東文化大學，2001 年 3 月 20 日。

此本刊物有日籍池田知久等五位學者發表相關郭店楚簡的論文，其中郭店楚簡的書風特徵、書寫素材與書體的關係和太一生水宇宙生成論等和本人所要研究題材相關。

十三、邢文：《郭店楚簡與太一生水》，北京，學苑出版社，2005 年 7 月。

本書係學苑海外中國學譯叢第 5 種，為東、西方學者就郭店老子及其他文獻的對話，內容是基於 1998 年 5 月在美國達慕思大學所舉行的一個國際研討會。主要收錄此次研討會所發表的有關郭店楚簡研究論文及相關討論議題。

十四、李若暉：《郭店竹書老子論考》，濟南，齊魯書社，2004 年 2 月。

此書認為不能運用二重證據法去求索唯一的事實，亦不能依靠版本校勘理論來追尋絕對的原本。必須引用類似考古標型學的方法，以替代傳統校勘學所習慣採用的單純堆積版本和考核字句異同的方法。須將每一種版本都依其系統、時代編排序列，從而使對古籍的校勘整理與流傳研究合二為一，校注郭店老子不但應當得到可讀的、成為其自身的文本，且對各類異文的轉換規則進行探究，達到辨章學術，考鏡源流。

十五、李零：《郭店楚簡校讀記》，北京，中國人民大學出版社，2007 年
　　8 月。

　　此書是據荊門市博物館郭店楚墓竹簡一書，就原書釋文重新排比，重新
考訂，用以輔助閱讀原書，對本人的研究識讀有所助益。

十六、李學勤：《郭店竹書別釋》，武漢，湖北教育出版社，2003 年 1 月。

　　郭店楚簡出土，資料雖經研究整理發表，但仍存在著文本的識字、句讀、
編連、分篇等復原問題。此書是就郭店楚簡內容相關問題作整理審定及注釋。
老子甲組零識及大一生水校釋等均可供本人研究參考。

十七、駱宜安：〈刑事鑑識〉，《警察百科全書（十二）》，台北，正中書局，
　　2000 年 1 月。

　　此書第六章文書證據，有關筆跡鑑定部分，論述甚多相關個人書寫筆跡
之成因及發展、筆跡分析、文字布局分析、落、收筆分析、停筆分析、筆觸
分析、連筆分析、文字形態結構分析、筆劃形態與筆劃結構分析、筆壓、筆
速、筆勢分析、錯別字分析、書寫技巧分析等等，提供比對分析諸多參考，
對於個人研究書手和書風方面應有助益。

第二章　郭店楚墓竹簡概述

本章分為東周楚系文字的出土現況、郭店楚簡的發掘與形制、郭店楚簡的內容和楚簡老子的內容四節，分別概述如下：

第一節　東周楚系文字的出土現況

東周時期是書法史百花齊放和書法重要轉折的一個時代，它文字不但傳承自西周，且各列國更因地域、語言、文化及生活習慣的差異而形成有自我地域特色，文字亦演化為五大系，即秦、楚、齊、燕、三晉。〔註1〕而戰國末年秦國統一天下，罷黜禁用與秦文不合文字，形成漢字發展單傳秦系文字局面。

近代由於考古發達，出土眾多簡帛文字資料為一項重大發現，而這些簡帛書法為最真實東周時期筆寫真跡，亦使得吾人等有幸得以窺攬遭罷用東周各系文字面貌。於出土眾多東周時期簡帛文字中，以秦、楚系文字數量最多，其中楚系出土文字資料已知已有三十餘種，總字數已愈十萬字（見表2-1-1出土東周楚系文字資料表），是戰國時期筆寫墨跡資料最多、內容亦最為豐富，在文史學術和古文字學的研究領域熱絡盛況幾已等同顯學。

「楚系文字」包含東周楚國及周邊相關共同文化圈的各諸侯小國，楚系簡帛文字，據《南齊書・文惠太子傳》及《通雅》引《法書苑》記載，在當時曾有「襄陽竹簡」出土，南齊建元初年（479～480），南齊有一相傳為「楚王冢」的古墓被盜，除了出土有「寶物、玉履、玉屏風」之外，尚有「竹簡

〔註1〕李學勤：〈戰國題銘概述〉，《文物》，1955年，7至9期。

書，青系編」。竹簡長約當時 2 尺（約 50 公分左右），寬數分，皮、節如新。經著名學者王僧虔鑒定，乃「蝌蚪書《考工記》」。因盜墓者燃燒竹簡作為照明，竹簡僅剩 10 餘支，後已佚失無存〔註 2〕。

表 2-1-1　出土東周楚系文字資料表

出土時間	出土地點、墓葬	數量	字數	尺寸（長×寬 cm）	內容	推斷年代	參考文獻
1942	湖南長沙東郊楚墓（楚帛書）	帛書 1	約 952	38×47	由三篇文字與配圖組成	戰國中晚期	《文物》1992 年 11 及《楚帛書》
1952	長沙五里牌 M406	竹簡 37	約 104	13.2×0.7	遣冊	戰國後期	《長沙發堀報告》及《戰國楚簡文字編》
1953	長沙仰天湖 M25	竹簡 43	約 320 可識字 313	22×1.2	遣冊	戰國中晚期	《考古學報》1957 年第 2 期
1954	長沙楊家灣 M6	竹簡 72，54 支有字，字跡不清。	約 60	13.7×0.6	遣冊	戰國晚期前段	《文物參考資料》1954 年第 12 期
1957	信陽長臺關 M1	竹簡甲 119 乙 29	殘存 1400 餘字	甲 45×0.8 乙 69.5×0.9	竹書遣冊	戰國中期	《河南信陽楚墓圖錄》及《信陽楚墓》
1965	江陵望山 M1	竹簡 207	1093	39.5×1	卜筮祭禱祀祭	戰國中期晚段（BC330）	《望山楚簡》及《江陵望山沙塚楚墓》
1965	江陵望山 M2	竹簡 66	927	64×0.6	遣冊	戰國中期晚段	《望山楚簡》及《江陵望山沙塚楚墓》
1973	江陵藤店 M1	竹簡 24	47	18×0.9	遣冊	戰國中期晚段	《文物》1973 年第 9 期
1978	江陵天星觀 M1	竹簡 70	4500	71×0.5～0.8	遣冊、卜筮祭禱祀祭	戰國中期晚段	《考古學報》1982 年第 1 期
1978	隨州曾侯乙墓	竹簡 240、簽牌 2 塊、石編磬刻 7 塊、2 個衣箱漆書及圓木餅 5 塊	6755	70～75×1	遣冊	戰國早期（BC433）	《曾侯乙墓》及《曾侯乙文字編》
1980	臨澧九里 M1	竹簡 100 餘		67～69.5×0.7～0.85	不明	戰國中期	《中國古代銘刻文物》及《楚文化考古大事記》

〔註 2〕林進忠：〈楚系簡帛墨跡文字的書法探析〉，《海峽兩岸楚文化學術研討會論文集》，2002 年 1 月 18-19 日。

1981	江陵九店 M56	竹簡 205	約 2700 可辨 2332	46.6 ～ 48.2 ×0.6～0.8	日書及其他	戰國晚期早段	《江陵九店東周墓》及《九店楚簡》
1981	江陵九店 M621	竹簡 127 有字殘簡 32	可辨 95	22.2×0.7	字跡不清	戰國中期晚段	《江陵九店東周墓》及《九店楚簡》
1982	江陵馬山 M1	絹織竹籤 1	10		籤牌記事	戰國期偏早	《文物》1982 年第 10 期
1983	常德夕陽坡 M2	竹簡 2	54	67.6×1.05	紀事	戰國中晚期	《中國考古學年鑒》
1986	江陵雨臺山 M21	殘斷竹律館 4 支	38		音律名	戰國中期偏早	《文物》1988 年第 5 期、《考古》1990 年第 9 期及《江陵雨臺山楚墓》
1987	荊門包山 M2	竹簡 448 有字簡爲 278	12472	72.6×0.8 68×0.8	遣策、卜筮祭禱紀錄、司法文書	戰國中晚期（BC323～278）	《包山楚墓上、下冊》、《包山楚簡》及《包山楚簡文字編》
1987	慈利石板村 M36	竹簡約 1000	約 21000	約 45×0.6	記事性古書	戰國中期晚段	《考古學報》1995 年第 2 期
1987	江陵秦家嘴 M1	竹簡 7			卜筮祭禱紀錄		《江漢考古》1988 年第 2 期
1987	江陵秦家嘴 M13	竹簡 18			卜筮祭禱紀錄		《江漢考古》1988 年第 2 期
1987	江陵秦家嘴 M99	竹簡 16			卜筮祭禱紀錄、遣策		《江漢考古》1988 年第 2 期
1991	江陵雞公山 M48				遣策		《江漢考古》1992 年第 3 期
1992	老河口市兩座墓				遣策		《簡帛研究》第一集
1992	江陵磚瓦廠 M370	竹簡 6			卜筮祭禱紀錄		《楚系簡帛文字編》
1993	江楞范家坡 M27	竹簡 1					《楚系簡帛文字編》
1993	荊門郭店 M1	竹簡 804 有字簡 730	13000 餘	15 ～ 32.4 × 0.65	《老子》等十四篇儒、道學說著作	戰國中晚期	《郭店楚墓竹簡》及《郭店楚簡研究第一卷·文字編》和《郭店楚簡文字編》
1993	黃州市				遣策		《簡帛研究》第一集
1994	新蔡葛陵楚墓	竹簡 1300 餘枚					《中國文物報》1994 年 10 月 23 日

不明	上海博物館購藏楚簡	竹簡約 1200枚	約 35000	57.1～24.6	近百種佚書	戰國晚期	《上海博物館藏戰國楚竹書》1～8 冊
不明	香港中文大學藏簡	竹簡 10 枚				戰國中期晚段	《香港中文大學文物館藏簡牘》
不明	大陸清華大學藏簡	竹簡（含殘簡）2500 枚		最長 47.5	60 篇以上典籍	戰國中期（BC305）	《清華大學藏戰國竹簡（壹）》
備註	本表據李泰瑋所製「東周楚系墨跡文字列表」〔註 3〕整理彙編						

　　由於近現代考古學熱絡，幾十年來陸續不斷發掘出土之楚系簡帛文字，目前已知發表有三十餘種、十餘萬字（見表 2-1-1 出土東周楚系文字資料表），其中有些文字圖像有些文字漫漶難辨，有些或因處理或因拍攝等技術因素，以致圖版模糊，所幸有《戰國楚文字編》、《戰國楚簡彙編》等描繪摹本工具書可補此一缺憾。

　　茲就刊錄圖版字跡清晰且保存較佳之楚簡略作分析如下：

一、〈長沙楚帛書〉（圖 2-1-1、圖 2-1-2）

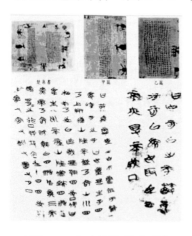

（圖 2-1-1）〈長沙楚帛書〉　　　　　　（圖 2-1-2）〈長沙楚帛書〉

　　楚帛書又名「楚繪書」或「楚絹書」，推斷年代為戰國中晚期〔註4〕。1942年 9 月於湖南長沙東郊楚墓遭盜掘出土，據信應是子彈庫紙源沖（王家祖山）M1 楚墓 1973 年發掘所得。帛書出土時以八摺置竹匣中，全幅高 38 公分，寬 47 公分，由三篇文字與配圖組成。甲篇〈四時〉八行，乙篇〈天象〉十三行，

〔註 3〕李泰瑋：《郭店楚墓竹簡書法探析》，113～115 頁，民國 94 年 6 月。
〔註 4〕湖南省博物館：〈長沙子彈庫戰國墓槨木〉，刊於《文物》，1974 年第 2 期。

兩篇文字書寫方向互倒，丙篇〈月令〉有十二小段文字各附圖形環列帛書四周。長沙楚帛書於1946 年由在長沙雅禮中學任教的美國人考克斯（Johu Hadley Cox）購得帶至美國，幾經易手，後於 1966 年歸亞薩・M・薩可勒（Arthur M・Sackler）所有，現寄藏於紐約大都會博物館。楚帛書爲截至目前唯一完整的先秦帛書，經紅外線攝影可辨識文字共有 952 字。同墓出土尚有帛書殘片大小十四片，最多者有墨書 14 字，餘各 3、5 字不等。有朱墨色界欄。刊於《文物》1992 年第 11 期。

二、〈五里牌竹簡〉

　　1952 年春於湖南長沙五里牌 M46 號戰國楚墓出土，推斷年代約戰國後期，計出土竹簡斷片37 枚，內容屬於遣冊，竹簡長短不一，寬度約0.7 公分，文字漫損嚴重難以辨識，悉數可認僅104 字，同時出土八件木俑衣襟上各有 2 字墨書。原簡現藏中國科學院考古研究所，有出土所製摹本可供參考，見《長沙發掘報告》54～59 頁與商承祚《戰國楚竹簡彙編》。

三、〈仰天湖楚簡〉（圖 2-1-3）

　　1953 年 7 月在湖南長沙南門外仰天湖楚墓出土，墓葬年代推斷爲戰國中期。

　　竹簡共 43 枚，整簡長度 22 公分，寬度 1.2公分，單簡字數 2 至 21 字不等，可識字 313 字，簡文內容屬於遣冊，出土時頗受各界重視，《文物參考資料》1953 年第 12 期首刊相關發掘簡報，1954 年第 3 期始併同竹簡刊載發布，然目前刊載圖版最佳則是《考古學報》1957 年第 2

（圖 2-1-3）〈仰天湖楚簡〉

期，緣係出土竹簡未即時施以科學處理則會褪色使字跡模糊。商承祚《戰國楚竹簡彙編》與郭若愚《戰國楚簡文字編》精良摹本乃依早期拍攝較佳之照片製成。

四、〈楊家灣楚簡〉

1954 年 8 月於湖南長沙北郊楊家灣 M6 戰國楚墓出土，墓葬年代推斷爲戰國晚期前段，墓主爲青年女性。長短竹簡計 72 枚，簡長約 13.7 公分，寬約 0.6 公分，簡長爲目前所見出土最短者。其中 50 枚各有 1、2 字，內容爲遣冊，文字多數模糊，難以辨識。發掘簡報刊載於《文物參考資料》1954 年第 12 期、《中國古代銘刻文物》，商承祚《戰國楚竹簡彙編》有簡文摹本。

五、〈信陽楚簡〉（圖 2-1-4、圖 2-1-5）

1957 年 3 月於河南省信陽長臺關 M1 戰國楚墓出土，年代推定爲戰國中期。同時出土者有文書器物、毛筆及編鐘等共八百餘件，竹簡長短計有 148 枚，按其記載內容分爲二組。其中一組 119 枚爲古籍竹書，竹簡寬約 0.7 至 0.8 公分，完整簡長約 33 公分，以三條黃色絲線編聯，存有 470 餘字。另一組爲遣策，共 29 枚，簡長約 69 公分，寬度 0.5 至 0.9 公分，上下編聯爲二條黑色絲質寬帶，存留 957 字。

信陽楚簡爲較早出土重要簡文，相關之發掘報告及竹簡圖版，刊載於《河南信陽楚墓圖錄》與《信陽楚墓》，早年商承祚於《戰國楚竹簡彙編》與郭若愚《戰國楚簡文字編》均製有簡文摹本。

簡號 1-01

（圖 2-1-4）〈信陽楚簡〉

六、〈望山 1 號楚簡〉（圖 2-1-6）

　　望山 1 號楚簡於 1965 年冬季於湖北省江陵望山發掘出土，同時出土器物有陶、銅、漆、木、絲織物等，包含越王勾踐劍、文書工具等共計六百餘件珍貴文物。竹簡於邊箱東部發現，上有漆木器疊壓，原本以絲線先編聯然後書寫，發掘時絲線全已殘斷，共得 207 枚斷片，最長者為 39.5 公分，大多數不到 10 公分，簡文之字距參差不齊，過半數以上僅 3、5 字，最多者 30 餘字，現存總字數為 109 字。文字墨跡雖尚稱清楚，但因長期間浸泡水裡竹簡已呈深褐色，且刊行之圖版印製欠佳。

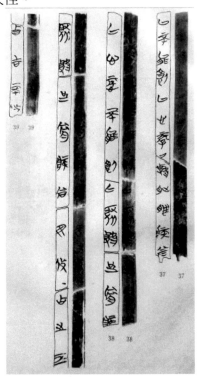

（圖 2-1-6）《望山 1 號楚簡》第 37～39 簡
左側為摹本

簡號 2-07

（圖 2-1-5）〈信陽楚簡〉

　　望山 1 號楚簡文字書寫端整，然則書寫
筆法有別，似非出自同一人之手跡。簡文主
要記載墓主卜筮祭禱內容，包括「出入侍
王」、仕進前途及疾病吉凶等事，顯見墓主「昭
固」為楚國王族，觀墓葬規模約為下大夫身
份，研究者依簡文祭禱先王、先君之稱謂關
係，推斷應是楚悼王（BC360〜BC381）之曾
孫。依卜筮祭禱記載，墓主患有兇疾、心病
及不能飲食等多項疾病，研參貞問仕進得事
能否內容，判斷該墓主可能是英年早逝，墓
葬年代約於楚懷王在位前期之際（BC328〜
BC299），戰國中期晚段。

　　望山 1 號楚簡發掘報告及竹簡圖版，先
刊載於 1966 年第 5 期《文物》，《望山楚簡》
專書內附摹本於 1995 年 6 月出版，《江陵望
山沙塚楚墓》於 1996 年 4 月出版，刊錄完整
照片及簡文考釋；另外商承祚《戰國楚竹簡
彙編》亦有該批簡文照片和摹本。

七、〈望山 2 號楚簡〉（圖 2-1-7）

　　屬於戰國楚都紀南城之西的湖北省江陵
地區望山與沙塚的八嶺山古墓區，與望山 1
號墓同為中型楚墓的望山 2 號楚墓，於 1966
年春發掘出土。早年該墓雖經盜擾，仍然掘
得豐富文物各式隨葬品 600 餘件。出土竹簡
常年經積水浸泡呈深褐色，其編聯繩線已腐
化，以致竹簡多以殘斷散亂，僅存 5 枚較完
好，整簡最長者為 64.1 公分，多數在 4 至 10
公分之間，長短竹簡合計共有 66 枚。各簡的
寬度與厚度不一，寬約 0.6 至 0.67 公分。簡
文總字數 925 字，單簡最多字書寫 73 字，上

（圖 2-1-7）〈望山 2 號楚簡〉47
簡 左側為摹本

下字距甚小，書寫緊密度爲楚簡文字中所少
見。

　　望山 2 號楚墓墓主爲女性，相當於下大
夫的貴族身份，墓葬年推定爲戰國中期晚
段。出土竹簡內容爲隨葬物品之清冊，即遣
策，紀錄物品名稱共有 320 種之多，與實際
出土文物對照雖有異同，仍舊不減其文史研
究之學術價值。

　　望山 2 號楚墓相關出土發掘報告暨竹簡
圖版見載於《文物》一 1966 年第 5 期，全部
竹簡圖版及釋文，1995 年 6 月刊載於《望山
楚簡》與 1996 年 4 月《江陵望山沙塚楚墓》；
此外，商承祚《戰國楚竹簡彙編》亦有收錄
該墓竹簡相片，並附加摹本刊載。

八、〈藤店 1 號楚墓〉

　　藤店 1 號楚墓 1973 年 7 月於湖北省江陵
發現，發掘前墓口顯露，出土各類隨葬器物
300 餘件及有鳥篆銘文之〈越王朱勾自作用
劍〉，墓主爲貴族，身份相當於大夫一級，墓
葬年代推定約戰國中期晚段。出土竹簡殘斷
共 24 枚，寬約 0.9 公分，殘簡中最多 7 字，
文字多已模糊，僅存 47 字可識，簡文爲隨葬
物品之遣策。

　　江陵藤店 1 號楚墓發掘簡報見載於《文
物》1973 年第 9 期。

九、〈天星觀 1 號楚簡〉（圖 2-1-8）

　　截至目前爲止，發掘最大的楚墓之一爲
1978 年 1 月於湖北省江陵天星觀 1 號楚墓。
該墓雖然早年遭逢嚴重盜擾，仍然發掘 2440

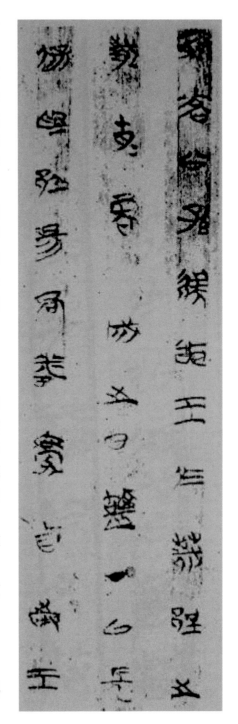

（圖 2-1-8）〈天星觀 1 號楚簡〉

件隨葬物品，更於椁室橫隔板發現有如壁畫之彩繪 11 件，推定於戰國中期晚段墓葬，墓主爲番（潘）姓封君。有「卜筮記錄」及「遣策」二組竹簡文書出土，完整竹簡 70 餘枚，簡長度約 64 至 71 公分，寬度約在 0.5 至 0.8 公分之間，其餘均已殘斷，共計存留簡文 4500 字，字跡多數清晰。

　　江陵天星觀 1 號楚墓竹簡全部簡文圖版尚見刊印，相關發掘簡報見載於《考古學報》1982 年第 1 期，1978 年 7 月 23 日《光明日報》並曾略予報導。

十、〈曾侯乙墓竹簡〉（圖 2-1-9）

　　考古原編稱爲擂鼓墩 1 號墓的曾侯乙墓，位於湖北省隨縣城西北約三公里處，由軍隊興建營地而發現，基本發掘工作於 1978 年 6 月完成。

　　曾侯乙墓所出土的墓葬文物豐富精美且眾多，總件數達 1 萬 5 千餘件，包含有樂器、青銅禮器、雜器、容器、車馬器、兵器、木製用具、金製小器、金玉服飾、竹簡及具天子等同身份等級的「九鼎八簋」等等。依墓

簡號 150

（圖 2-1-9）〈曾侯乙墓竹簡〉

葬的形制內容與規模，和出土的青銅器「曾侯乙」銘文觀察，顯現墓主爲文獻記載中的隨（曾）國君王。由於墓中出土編鐘架上亦掛有一件楚王製贈的銅鎛，在宋代亦曾出土過的二件與此同銘編鐘，於《薛氏》、《嘯堂》、《復齋》等文獻均曾記述，其中以《復齋》所錄最近原貌〔註5〕。郭沫若曾依宋代所錄者考證出銘文中「王五十六祀」所記國君爲楚惠王，即西元前 433 年〔註6〕。

〔註 5〕　容庚〈宋代古金述評（續）〉曾懷疑《復齋》本爲僞作，見《學術研究》，1964
　　　　　年 1 期，88 頁。李零：〈宋代出土的楚王酓章鍾〉根據曾侯乙墓所出大鎛重作
　　　　　評述，見《江漢考古》1984 年 1 期 88 頁。
〔註 6〕　郭沫若：《兩周金文辭大系圖考釋》，〈楚王酓章鍾〉，1934 年增訂本，1956 年，
　　　　　北京，科學出版社刊。

該器屬於屬於戰國時代早期，亦即楚惠王從曾侯宗廟西陽回來後所製贈，因此隨縣曾侯乙墓下葬時間，當在這一年或稍晚，以西元前 400 年爲下限〔註7〕。

曾侯乙墓所出土的文字資料內容分爲墨書文字與刻鑄文字，總字數共計達 12696 字。其中：

（一）墨書文字：6755 字。

1. 竹簡墨書文字：6696。包括竹簡 240 枚與主簽牌二塊。
2. 石編磬墨書文字：12 字。散見於七塊石編磬刻文之中。
3. 衣箱漆書文字：42 字。於二個衣箱外之表面，以朱色漆書寫。
4. 圓木餅墨書文字：5 字。五塊各 1 字。

（二）刻鑄文字：5941 字，包含刻與鑄。

240 枚竹簡可謂最長的竹簡，整簡長度 72 至 75 公分，寬度約 1 公分，大多數保存良好，字跡亦多數清晰可辨。竹簡由二道繩索編聯而成，篇文共計六千餘字，屬先編後寫。東周葬禮下葬時有「讀遣」儀式，曾侯乙墓竹簡屬於「遣策」文書，「遣策」爲隨葬物品之清冊，常見於戰國秦漢墓葬遺物中。然而，曾侯乙墓竹簡並不類〈信陽楚簡〉作爲「遣策」僅是完全記錄隨葬物品那樣，其簡文內容主要登載車馬的組成與配置、馭車者的相關車馬、各式車輛裝備及配件等，對人、車、馬、物等相互組合內容記載甚詳，所載內可能爲參加葬禮的儀仗隊伍，且墓葬中的車馬與登載數量並不符合。二塊竹簽牌的墨書內容爲「某某之馬車」，可能爲繫於馬甲上之標籤。五塊圓木餅則各有一「米」字等，字跡較模糊不清。

二件衣箱均有漆書文字，其中一件蓋上繪有二十八星宿的名稱位置，以北斗爲中心圍繞標示，二旁另繪青龍與白虎圖像，爲迄今發現最早的相關文字記錄。另一件畫有扶桑樹、太陽、鳥、獸、蛇及人持弓射箭之形象，所繪爲后羿射日傳說〔註8〕，此箱蓋中刻有四字陰刻「紫錦之衣」木器刻文，另一角落書有漆書 20 字，內容爲民祀房星求祈「經天常合」等吉語，象徵民生豐昌。

〔註7〕〈湖北省隨縣曾侯乙墓發掘簡報〉，《文物》，1979 年 7 期 1 至 19 頁，及註 12 上下冊。

〔註8〕郭維德：〈曾侯乙墓圖象試釋〉，《江漢考古》，1981 年 1 期。陳惠明：〈漆繪圖象考〉，《曾侯乙墓文物藝術》，179 頁，湖北，美術出版社，1992 年 6 月出版。《曾侯乙墓》上冊，355 頁、481 頁。

有關此墓所出土相關文字資料，除見刊載於《文物》1979 年 7 期發掘報告外，內容最完整且詳細者為 1989 年由文物出版社所刊行的《曾侯乙墓》上下二冊。此外，1995 年古文字學者張光裕、滕壬生、黃錫全三位先生合編由臺北藝文印書館所出版的《曾侯乙墓竹簡文字編》，書內含附黃有志先生精描摹本，可補《曾侯乙墓》竹簡圖版不清之憾，該書為最佳工具書，提供學界研究之便利，貢獻甚巨。

十一、〈臨澧九里楚簡〉

湖南省常德地區臨澧九里 1 號楚墓於 1980 年夏秋之間出土，墓葬年代推定為戰國中期前段。依湖南省博物館發掘調查，臨澧九里楚墓群與江陵天星觀 1 號墓所見相近似，屬於最大型楚墓之一，推測是楚國封君家族的墓地，見載於《中國古代銘刻文物》圖 14 與《楚文化考古大事記》116、124 頁。據1980 年 12 月 13 日《湖南日報》及《湖北省博物館三十週年紀念文集》所載，有竹簡百餘枚已殘斷，所刊布 4 枚字跡均模糊不清，長度約 67 至 69.5 公分，寬度約 0.7 至 0.85 公分，內容與字數不詳。

十二、〈馬山 1 號楚墓絹書及竹簽〉

馬山 1 號楚墓於 1982 年 1 月在湖北省江陵縣西北馬山公社磚瓦廠發掘出土，墓主身份屬於王室貴族，為士階級中較高的「元士」，同時有龐大且精良優質之絲織品出土。於某些衣物上留有朱印鈐記，是古代璽印施於封泥、烙印之外所罕見之用例。極少數絹織物上所書之墨書文字為單字或二字合文二種，筆跡甚為清晰。另出土一支竹簽僅書 8 個字，內容為簽牌記事。馬山 1號楚墓下葬年代推定為戰國晚期偏早（約 BC340–BC278），其相關報導見《文物》1982 年 10 期。

十三、〈德山夕陽坡楚簡〉

湖南省常德德山夕陽坡 2 號戰國楚墓於 1983 年出土，僅得二枚竹簡，長67.6 公分，寬 1.05 公分，共 54 字，其內容為有紀年的重要記事，墓葬年代推定為戰國中晚期。相關報導見於 1985 年《中國考古學年鑑》，1987 年楊乾所撰文的《求索》雜誌增刊之《楚史與楚文化研究》中，以及湖南省博物館劉

彬徽於 1998 年 10 月「紀念徐中舒先生誕辰百年暨國漢語古文字學研討會」之撰文。

十四、〈雨臺山楚墓竹律管墨書〉（圖 2-1-10）

　　湖北省江陵雨臺山 21 號楚墓於 1986 年出土，推定墓葬年代爲戰國中期偏早。出土的 4 支竹製律管已殘損，其表面書寫律名存留 38 字，由湖北省荊州地區博物館藏存，有關出土報導刊載於《文物》1988 年 5 期 39 頁、《考古》1990 年 9 期 855 頁及《江陵雨臺山楚墓》。

十五、〈秦家嘴 1 號楚簡〉

　　秦家嘴 1 號戰國楚墓於 1986～1987 年在湖北省江陵秦家嘴地區出土，該墓是一椁棺有墓道的小型墓，僅出土 7 枚殘斷簡片，簡文內容爲「祈福於王父」等卜筮祭禱記錄。未見簡文圖版刊行。相關報告見於《江漢考古》1988 年 2 期。

十六、〈秦家嘴 13 號楚簡〉

　　秦家嘴 13 號戰國楚墓於 1986～1987 年在湖北省江陵秦家嘴地區出土，該墓是一椁棺有墓道的小型墓，僅出土 18 枚殘斷簡片，簡文內容爲「占之日吉」等卜筮祭禱記錄。未見簡文圖版刊行。相關報告見於《江漢考古》1988 年 2 期。

十七、〈秦家嘴 99 號楚簡〉

　　秦家嘴 99 號戰國楚墓於 1986～1987 年在湖北省江陵秦家嘴地區出土，該墓是一椁棺有墓道的小型墓，僅出土 16 枚殘斷簡片，簡文內容爲「占之吉無咎」等卜筮祭禱記錄。未見簡文圖版刊行。相關報告見於《江漢考古》1988 年 2 期。

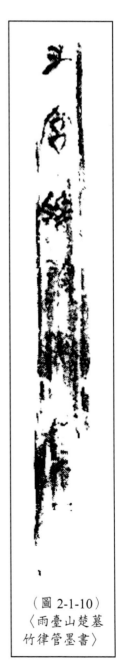

（圖 2-1-10）〈雨臺山楚墓竹律管墨書〉

十八、〈包山楚簡〉（圖 2-1-11、圖 2-1-12）

（圖 2-1-11）〈包山楚簡〉第 3 簡　　　（圖 2-1-12）〈包山楚簡〉第 126 簡

　　包山 2 號戰國中期楚墓於 1987 年 1 月在湖北省荊門地區出土，得有字竹簡 278 枚，簡文統計有 12472 字，內容包括卜筮祭禱記錄、司法文書、遣策等數十類，文字優美清晰，保存狀況佳；另有竹牘 1 枚，記錄從葬之車，存有 154 字。竹簡長度可分二種，一種長約 55.2 公分，寬度在 0.6～0.85 公分之間；另一種長度 59.6～72.6 公分，寬度約 0.8～1 公分，為出土楚簡中次長者。竹簡上下原有二道編線，出土時編聯之繩索已腐朽。

　　各枚簡文字數差距甚巨，多者達 92 字，少者 2 字，多數均在 50 字左右，而其書寫上下字距不均，緊密相接或稀少疏空者均有，各類簡間差異落差很大，各書手間的習性差異顯著。一般簡文書於竹黃一面，而在 24 枚司法文書類中，其背面亦書寫文字，內容與正面內容相關，少數簡的背面文字內容相連，段落獨立。少數簡背面亦見書有篇題。

　　包山楚墓的墓葬年代推定為戰國中期晚段，墓主屬於上大夫階層身份地位，該墓發掘相關簡報刊載於《文物》1988 年第 5 期，文字考釋與簡文圖版於 1991 年出版有《包山楚簡》專書、《包山楚墓》上下冊。另張守忠於 1996 年編有《包山楚簡文字編》，同年張光裕、袁國華合編由藝文印書館出版《包山楚簡文字編》。

十九、〈慈利石板楚簡〉（圖 2-1-13）

　　湖南省慈石板村 36 號楚墓於 1987 年 6 月出土，計有竹簡斷片 4371 枚，大部分被淤泥粘著，寬度於 4 至 7 公分之間，評估原簡長度約 45 公分，數量原約 1000 支，總字數約 21000 餘字，約近半數書跡清晰，其書法精美，出自多名書手，簡文內容記載吳、楚、越史事。墓葬年代推定爲戰國中期前段，墓主身份屬於下大夫一級。該墓相關發掘簡報見載於《考古學報》1995 年第 2 期，僅只 8 枚竹簡圖版附錄。

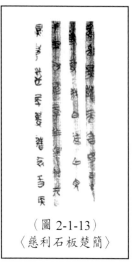

（圖 2-1-13）
〈慈利石板楚簡〉

二十、〈九店 56 號楚簡〉（圖 2-1-14）

　　湖北省江陵九店公社磚瓦廠自 1981 年 5 月至 1987 年底在雨臺大隊的施家建廠，共發掘墓葬六百座。其中編號 M56 墓中出土長短竹簡 205 枚，有字者 158 枚，較完整者 35 枚，整簡長度約 46.6 至 48.2 公分之間，寬度於 0.6 至 0.8 公分。總計殘存可辨簡文有 2332 字，其中有 12 枚內容與農作物有關，有數量與單位，其餘主要內容是與「數術」相關，和〈睡虎地秦簡〉的「日書」性質同似，竹簡現藏湖北江陵博物館。墓主身份爲下士貴族，墓葬年代推定爲戰國晚期早段。

　　九店 56 號楚簡，《楚文化考古大事記》中於 1984 年曾登載並介紹發掘狀況，其詳細報導見於 1995 年 7 月《江陵九店東周墓》書中，該書同時刊印全部竹簡的圖版與簡文考釋。另見《九店楚簡》。

（圖 2-1-14）
〈九店 56 號楚簡〉
第 43 簡

二十一、〈江陵九店 621 號楚簡〉（圖 2-1-15）

　　湖北省江陵九店 621 號戰國楚墓於 1981 年至 1989 年間出土，殘簡有字可識者 32 枚，簡長 22.2 公分，簡寬 0.6 至 0.7 公分，簡文可辨者存 95 字。內容似古籍殘片，由江陵博物館存藏。墓主身份爲下士貴族，墓葬年代推定爲

戰國中期晚段。相關發掘簡報和竹簡圖版見載於
《江陵九店東周墓》、《九店楚簡》。

二十二、〈江陵九店 411 號楚簡〉

　　湖北省江陵九店 411 號戰國楚墓於 1981 年
至 1989 年間出土，共存 2 枚，僅 1 枚完整，簡
長 68.8 公分，簡寬 0.6 公分，現存江陵博物館。
相關發掘簡報見載於《江陵九店東周墓》340
頁，因簡文模糊不清而未刊印圖版。

二十三、〈江陵磚瓦廠 370 號楚簡〉

　　湖北省江陵磚瓦廠 370 號戰國楚墓於 1992
年出土，僅存 6 枚殘簡斷片，簡文內容為卜筮祭
禱記錄。相關發掘報告載於《楚系簡帛文字編》。

二十四、〈范家坡楚簡〉

　　湖北省江陵范家坡 27 號戰國楚墓於 1993
年出土，僅存 1 枚，內容未見發布，相關報告載
於《楚系簡帛文字編》。

二十五、〈郭店楚簡〉
　　　（圖 2-1-16、圖 2-1-17）

　　郭店 1 號戰國楚墓於 1993 年在湖北省荊門
市郊出土，此墓下葬年代推定為戰國中期偏晚，
簡文書寫年代下限應略早，墓主為有特殊學術地
位與職務身份之上士階層貴族。出土的簡文，在
字數、學術與書法上均冠於其他已刊布之楚系簡
帛文字資料。

　　郭店楚墓位居湖北省荊門市沙洋區四方
鄉，係一大楚國墓葬群，與南方楚國故都紀南城

（圖 2-1-15）
〈江陵九店 621 號楚簡〉
第 8-10 簡

（圖 2-1-16）
〈郭店楚簡〉
簡號 68 67 55 54

僅距九公里；該墓曾多次遭到盜掘，1993 年 10 月才正式搶救挖掘。其出土器物有銅器、陶器、漆木器、竹器、鐵器、骨器等近 300 件。竹簡出於頭箱，出土時由於編繩已腐爛，以致竹簡散亂無章。竹簡共計 804 枚，書有文字者 730 枚，無字竹簡 74 枚。多數保存完好，未拼合的小碎片數量甚少，總字數達 13000 餘字。

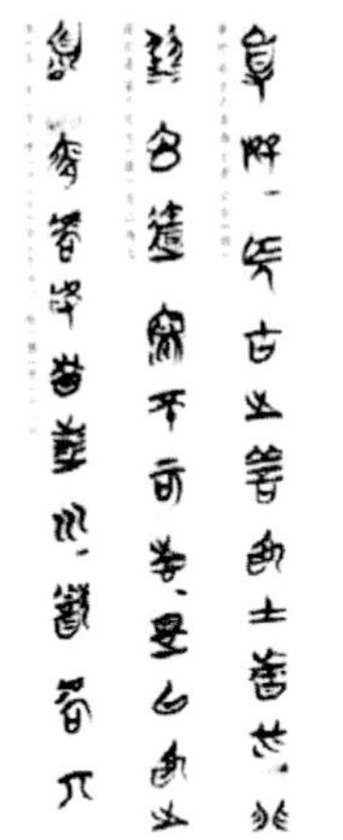

　　竹簡形制有二種，其一爲兩頭平齊，其二爲兩頭作梯形。其上有容納編繩的契口。有作上下二個契口者，亦有作上中下三個契口者。竹簡長度可分爲三種：一是長約 32.5 公分。二爲長 26.5 至 30.6 公分。三是長 15 至 17.5 公分。內容包括以道家與儒家爲主的多篇古籍，少數篇章則未見傳本；部分雖有傳本，但篇章和次序卻不相同。郭店楚墓出土竹簡之內容有《老子》、《太一生水》、《緇衣》、《魯穆公問子思》、《窮達以時》、《五行》、《唐虞之道》、《忠信之道》、《成之聞之》、《尊德義》、《性自命出》、《六德》、《語叢》等。

　　郭店楚簡的相關發掘報告見載於《文物》1997 年第 7 期，1998 年 5 月出版的《郭店楚墓竹簡》專書，全部竹簡圖版及考釋均有，印刷亦精美清晰。其文字專書有張光裕主編的《郭店楚簡研究第一卷‧文字編》，於民國 88 年 1 月由藝文印書館出版；張小滄與郝建文於 2000 年 5 月編集的《郭店楚簡文字編》。

二十六、〈香港中文大學藏簡〉（圖 2-1-18）

　　香港中文大學文物館藏品中有戰國時期竹簡 10 枚，部分內容有研究者認爲可以與〈郭店楚簡〉內容相對應，推測爲同批文物，其年代亦應在戰國中期晚段。相關資訊見 2001 年出版陳松長編著《香港中文大學文物館藏簡牘》。

（圖 2-1-17）
〈郭店楚簡〉老甲簡 8

（圖 2-1-18）
〈香港中文大學藏簡〉

二十七、〈上海博物館購藏楚簡〉（圖 2-1-19）

　　上海博物館 1994 年於香港古玩文物市場購藏一批戰國時期楚簡，該批楚簡顯然自大陸盜賣所流出，出土時地不明，推定年代在戰國晚期。竹簡長度最短的 23.8 公分，最長者 57.2 公分，每簡寬約 0.6 公分，長簡多為三道編繩，短簡大都二道編繩，編繩質料為絲織品；竹簡共達 1200 餘支，總字數達 35000 字，字跡有工整也有潦草，書寫風格習慣各異，書手至少十餘人。簡文內容涉及哲學、文學、歷史、宗教、軍事、教育、政論、音樂、文字學等近百種戰國古籍佚書，主要以儒家類為主，兼及道家、兵家及陰陽家等，範圍廣泛，具有多學科、多領域重大價值，為學術研究重要瑰寶，而簡文亦具書法藝術史重要價值。

　　此批竹簡於 2001 年 11 月至 2011 年 5 月由上海古籍出版社出版《上海博物館藏戰國楚竹書》八大冊，含考釋及簡文圖版，印刷精美，字跡清晰；另上海博物館於其書法館簡介資料中，曾刊印 2 枚，黃錫全於 1998 年 12 月所刊《簡帛研究》第三輯中介紹並考釋。

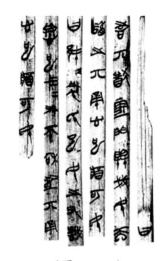

（圖 2-1-19）
〈上海博物館購藏楚簡〉
《孔子詩論》第 4 簡

二十八、〈清華大學藏簡〉
　　（圖 2-1-21）、（圖 2-1-22）

　　清華大學藏戰國楚簡，由趙偉國於 2008 年於香港購得寄贈，出土時、地不詳，出土年代推定為戰國中期（BC305）。竹簡數量約達 2500 枚（含殘簡，完整簡約 1800 枚），竹簡形制多種，最長 47.5 公分。

（圖 2-1-20）
〈上海博物館購藏楚簡〉
《壽鄭問平王》第 4 簡

竹簡內容已知約有 60 篇以上典籍，由李學勤等學者持續研究考察中。部分已發表之典籍為：〈尹至〉、〈尹誥〉、〈程寤〉、〈保訓〉、〈耆夜〉、〈金縢〉、〈皇門〉、〈祭公〉、〈楚居〉等九篇，計 107 枚，其中耆夜、祭公篇簡背書有篇名標題。其字體為典型楚系文字，風格與〈包山楚簡〉、〈郭店楚簡〉類似，研究人員賈連翔認為九篇可分為三類，且出自七人手筆（《書法叢刊》11·4）。九篇中以〈保訓〉篇書風為特殊，為已知楚系文字中最具別趣者，其字形結構豎長平正，點畫少肥瘦，運筆慎重穩固、有厚重之筆趣。研究簡報刊載於 2009 年《文物》第六期，有《清華大學藏戰國竹簡（壹）》二冊專書著錄，2010 年中正書局刊印。

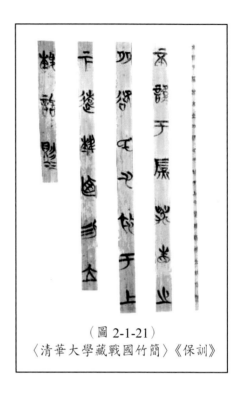

（圖 2-1-21）
〈清華大學藏戰國竹簡〉《保訓》

楚系文字常予人一種帶有神秘、奇異感覺，主要緣於秦統一天下兼併六國且罷黜其餘六國文字，後世秦漢文字傳承自秦系文字之故。楚系文字是目前出土戰國時期書寫墨跡資料數量最多最豐富的，包含遣冊、卜筮祭禱、文書、記事、日書、司法等，亦包括有道家、兵家、儒家、雜家等數十種竹書古籍，除了學界學術研究之外亦深受書法愛好者所重視，不但可從中近一步瞭解古文篆書真實面貌，亦是汲取養料的重要區塊，如已故日本知名書家今井凌雪書風即受楚帛書影響，國內近十幾年來各大型比賽展場亦不乏以楚系文字作表現者，不可避免的「楚系文字」將在這個世紀引領風騷。

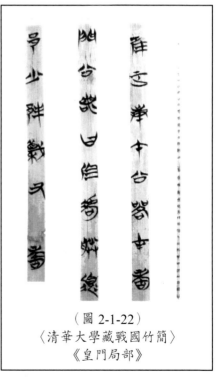

（圖 2-1-22）
〈清華大學藏戰國竹簡〉
《皇門局部》

第二節　郭店楚墓竹簡的發掘與形制

一、發掘狀況

　　據《史記・楚世家》紀載：「子文王熊貲立，始都郢。」郢，又稱紀南城，其所在地點在現今湖北省沙洋縣紀山鎮。紀南城因地處荊山山脈的「紀山」之南而得名，為戰國時期楚國國都，楚文王於繼位後翌年（西元前 689 年），將國都遷至此地，至秦將白起拔郢（西元前 278 年），楚國於此建都長達 411 年。

　　楚都紀南城近郊南方九公里處的郭店村附近為當時的楚國王公貴族及一般庶民密集的墓葬群。由於該古墓葬群因多次遭盜掘而引起湖北省荊門市博物館注意，並於 1993 年 10 月進行文物的考古與搶救，在一座屬於紀山古墓群中的郭店小型墓中發掘出土「郭店楚簡」，考古工作者將之編為「郭店一號墓」。根據歷年的考古發掘和現場調查資料，證實此處乃東周時期的楚國貴族墓地。

　　郭店一號墓為豎穴土坑，同時出土大量器物，有禮器、樂器、車馬器、生活用具、生產用具、竹簡、裝飾品及喪葬器等，其中的漆耳杯、漆奩、方形銅鏡、銅鉥、龍形玉帶鉤、七弦琴和鳩杖等文物的形狀及紋樣，均具有明顯的戰國時期楚文化的風格。跟據考古學者推斷該墓的年代在戰國中期偏晚，距今約 2300 年。該墓出土竹簡的製作年代下限年代應早於墓葬的下葬年代。〔註 9〕

　　郭店一號墓是一座土坑豎穴木槨墓，有斜坡墓道（如圖 2-2-1）。墓坑內填二種以上顏色的混合五花土，木槨室之上及四周填充密封性較佳之青膏泥（如圖 2-2-2）。葬具一棺一槨，皆用大木板拼合榫接而成。根據郭店一號墓的墓葬規格，為長方形豎穴土坑墓，其封土早已被夷平年久，有東向墓道而無臺階，墓主人使用一棺一槨，《荀子・禮論》載云：「天子棺槨七重，諸侯五重，大夫三重，士再重。」即士為一棺一槨，因此推定墓主屬於士一級貴族階層。

　　槨室內分隔成頭廂、邊廂、和棺室三部分，竹簡發現於該墓木槨室內頭廂的北部（如圖 2-2-3）。由於二千多年的積水浸蝕和盜掘時所滲進的泥水等，竹簡上沾滿醬黑色的淤泥，經考古工作者以化學技術處理，成功還原竹簡本

〔註 9〕《荊門郭店一號墓》，《文物》，1997 年第七期。

色，使竹簡上的文字可辨且清晰如新。但因竹簡長期在墓中經泥水浸淫，其編繩均已腐朽，加之盜墓者破壞，致使竹簡散亂，其原有簡數及編連順序均已不明。〔註10〕

　　由於所出土 804 支（有字簡 730 支）竹簡編連順序散亂，簡文內容難辨及篇數不詳，其簡號由來，係「郭店楚簡整理研究小組」成員劉祖信、彭浩、王傳富三人依出土順序編號碼（原始號）先識讀隸定出簡文後，再按文意內容逐簡編號（整理號）。其中斷簡可拼湊成支者，只編一號碼，無法拼接者，每段編一號，而竹簡無字者未予編號。所有簡文識讀並編號後，再依篇目編連成冊。此批竹簡歷經五年才完成識讀、編連及考釋，文稿經學者裘錫圭審校後，於 1998 年 5 月由文物出版社發行《郭店楚墓竹簡》一書〔註11〕。其內容有屬於道家〈老子〉甲、乙、丙〈太一生水〉二篇暨屬於儒家〈緇衣〉、〈五行〉、〈魯公問子思〉、〈窮達以時〉、〈性自命出〉、〈成之聞之〉、〈尊德義〉、〈六德〉、〈唐虞之道〉、〈忠信之道〉、〈語叢一〉、〈語叢二〉、〈語叢三〉、〈語叢四〉等十四篇，共計十六篇典籍，1 萬 3 千餘字。以出土的典籍觀察，在當時楚國的是以中原的儒家學說較盛於在地的道家學說〔註12〕。劉祖信云：「竹簡的字形、字體與荊門包山楚簡相近，是典型的楚國文字。〔註13〕」

　　郭店一號楚墓所出土的十六篇典籍中，除《緇衣》及《老子》有傳於世，湖南省長沙馬王堆漢墓帛書見有《五行》外，其餘均為二千多年前失傳的古代佚書。由於出土典籍質、量豐富，頗具文獻史料價值，尤其《老子》（甲、乙、丙本）更是目前所見最早的《老子》版本，儒家典籍亦填補了失落的孔孟學說理論區塊。

〔註10〕參見《郭店楚墓竹簡老子（甲）》，45-47 頁，2002 年 10 月，北京，文物出版社。

〔註11〕參見《郭店楚墓竹簡老子（甲）》，47、48 頁，2002 年 10 月，北京，文物出版社。

〔註12〕參見《郭店楚墓竹簡老子（甲）》，60 頁，2002 年 10 月，北京，文物出版社。

〔註13〕邢文：《郭店老子與太一生水》，12 頁，2005 年 7 月，北京，學苑出版社。

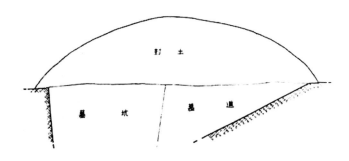

封土堆与墓坑及墓道关系示意图

圖 2-2-1〔註 14〕

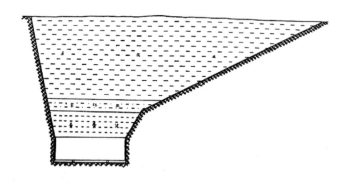

墓坑内填充青膏泥五花土剖面图

圖 2-2-2〔註 15〕

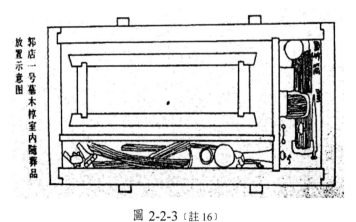

圖 2-2-3〔註 16〕

〔註 14〕《郭店楚墓竹簡老子甲》，45 頁，2002 年 10 月，北京，文物出版社。
〔註 15〕《郭店楚墓竹簡老子甲》，45 頁，2002 年 10 月，北京，文物出版社。

二、竹簡的形制

在紙張尚未發明並盛行前，文字書寫均以絲、麻、竹、木等爲材料。書寫於絲、麻材質上的文字稱爲「帛書」，如長沙子彈庫楚帛書、長沙馬王堆帛書；書寫於竹、木材質者稱爲簡書、竹書、牘書或統稱簡牘書，郭店楚墓竹簡即是此類竹、簡書。

竹簡是將竹以截斷成筒、破筒成條及去節殺青成簡片等加工手法製作而成。《論衡・量知篇》云：「截竹爲筒，破以爲牒，加筆墨之迹，乃成文字。」劉向《別錄》：「新竹有汁善朽蠹，凡作簡者，皆于火上炙乾之…以火炙令汗去其青，易書，復不蠹，謂之殺青，亦曰汗簡。」竹簡經過去汗殺青等手續以後即可編連成冊及書寫文字。古代竹簡存有二種體制，一種爲「簡」，一種爲「冊」。《儀禮・聘禮》賈疏曰：「簡謂據一片而言，策是編連之稱。」又《儀禮・既夕》賈疏曰：「編連爲策，不編爲簡。」《左氏春秋序》：「大事書之于策。疏曰：『單執一札謂之簡，連編諸簡乃名爲策。』」於此可知，單獨一片者稱作「簡」，編連很多簡者稱爲策（冊）。戰國楚簡大多數先編成冊再書文字，郭店楚簡即是屬這類文書。出土竹簡依其文書內容可分爲二大類，一類是紀錄墓主隨葬物品清單稱爲「遣冊」，如湖北荊門包山楚簡與河南新蔡楚簡等；一類爲經書律令等，如湖北雲夢睡虎地秦簡，郭店楚簡亦屬此類竹簡。〔註17〕

郭店楚簡的形式不盡相同，其長度依考古研究者予以分類，可分爲三類（見2-2-1《郭店楚墓竹簡》各篇章竹簡形制表）：第一類種長度在32.5公分左右；第二類長26.5至30.6公分；第三類種長15至17.5公分。竹簡的形狀亦可分爲二種：一種的竹簡兩頭齊平，另一種兩頭成梯形；其寬度都在在0.5～0.7公分之間，竹簡上均有可供編繩的契口。

《老子》可分爲三組：甲組形制：共存39枚，簡長32.3公分，二端修削作梯形，有二道編繩，上下契口其間距13公分。乙組形制：共存18枚，簡長30.6公分，二端齊平，其二道編繩間距亦13公分。丙組形制：共存14枚，簡長26.5公分，二端修削齊平，其二道編繩間距10.8公分。彭浩云：「甲、乙組竹簡契口間距相同，但其長度與刑狀明顯有別，且甲組字體較小，字距也較小；乙組字體較大，其字距亦大，可以判定這二組是分別抄寫並各自編連成冊的。」《太一生水》形制同《老子》丙本：共存14枚，其簡長亦爲26.5公分，二端亦作齊平，二道編繩間距亦10.8公分。〔註18〕

〔註16〕 參見《郭店楚墓竹簡老子甲》，46頁，2002年10月，北京，文物出版社。
〔註17〕 參見《郭店楚墓竹簡老子甲》，64、65頁，2002年10月，北京，文物出版社。
〔註18〕 邢文：《郭店老子與太一生水》，15頁，2005年7月，北京，學苑出版社。

三、從竹簡形制看《郭店楚墓竹簡》在文獻中的地位

　　郭店竹簡有經典與傳注之分，簡策長者為「經」，短者為「傳」；簡端形狀也是區分經、傳的主要依據，梯形者為「經」，平齊者為「傳」。周鳳五云：

> 「以簡策長短區分儒家經、傳，這是漢代文獻明文記載的。如王充《論衡‧謝短篇》說：「二尺四寸，聖人文語。」又《書解篇》說「諸子尺書，文篇具在。」鄭玄《論語序》更明白指出：『《易》、《詩》、《書》、《禮》、《樂》、《春秋》，策皆二尺四寸；《孝經》謙，半之；《論語》八寸策者，三分居一，又謙焉。』可見漢代流傳的儒家典籍在簡策的長度上明顯有所區分。相傳孔子手定的《易》、《詩》、《書》、《禮》、《樂》、《春秋》等六經最長，弟子門人所記，闡述發明六經奧旨的傳注較短。近年來出士的楚國竹簡雖然為數不少，但多半殘損嚴重，或者屬於遣策與公文檔案，無法與前述兩漢學者的說法直接印證。幸而郭店竹簡各篇不但簡策長短有別，而且內容全屬先秦儒、道兩家的典籍，為我們提供了「聖人文語」與「諸子尺書」的最佳實物例證。」〔註19〕

又云：

> 「簡策的長短固然重要，經典與傳注之分還是取決於簡端的形狀，梯形者為經，平齊者為傳，郭店竹簡的形式特徵是相當具體而明確的。〔註20〕」

漢承秦制，漢制尺寸是與戰國時期楚制尺寸是不相同的，但可以肯定秦、楚皆傳承自西周，文獻典籍制度相距應不至於過大，從其竹簡長短及二端形制應可判斷經、傳之別。因此，以圖表排列分析，《郭店楚墓竹簡》十六篇（含〈老子〉乙、丙本）典籍中，第一類以〈六德〉、〈緇衣〉、〈五行〉、〈性自命出〉、〈成之聞之〉、〈尊德義〉等六篇其竹簡長度最長，二端修削為梯形，均為代表具有特殊地位的「經」；〈老子〉甲雖略短 0.2 公分，但二端亦修削作梯形，其地位受到具有與前六篇等同地位「經典」級的重視，周鳳五即說：

> 「甲組《老子》簡長 32.3 公分，雖較前述六篇略短，但兩道編線，

〔註19〕周鳳五：〈郭店竹簡的形特徵及其分類意義〉，《郭店楚簡國際學術研討會論文集》，53 頁，武漢大學中國文化研究院編，2000 年，湖北人民出版社。

〔註20〕周鳳五：〈郭店竹簡的形特徵及其分類意義〉，《郭店楚簡國際學術研討會論文集》，55 頁，武漢大學中國文化研究院編，2000 年，湖北人民出版社。

間距 13 公分，與《緇衣》、《五行》基本相同，應當也屬於同一類。
〔註21〕」

第二類〈魯公問子思〉、〈窮達以時〉簡長雖僅 26.4 公分，然其竹簡二端修削作梯形，亦應歸屬與「經典」同一類。〈唐虞之道〉簡長 28.3 公分、〈忠信之道〉簡長 28.1 公分、〈太一生水〉簡長 26.5 公分均較「傳注」為長，但其簡二端平整，應屬於「傳注」；而〈老子〉乙、丙簡長有 30.6 公分及 26.5 公分，雖亦較儒家「傳注」為長，但其竹簡二端平齊，亦應歸屬「傳注」等級，周鳳五又云：

> 「已經『儒家化』了的甲組《老子》可以視同經典，但竹簡要略短
> 一些；僅供採擇應用的乙、丙兩組，雖同出於《老子》，竹簡也較儒
> 家傳注為長，但只能歸入傳注之列〔註22〕。」

第三類〈語叢〉1 至 4 簡長最短，僅 15.1～17.5 公分，而其竹簡二端平齊，當屬「傳注」類。〔註23〕

2-2-1《郭店楚墓竹簡》各篇章竹簡形制表

組別	篇章名稱	竹簡長度	竹簡二端形制
第一類	〈六德〉、〈緇衣〉、〈五行〉、〈性自命出〉、〈成之聞之〉、〈尊德義〉	32.5 公分	梯形（一）
	〈老子〉甲	32.3 公分	梯形（一）
第二類	〈老子〉乙	30.6 公分	平齊（冂）
	〈唐虞之道〉	28.3 公分	平齊（冂）
	〈忠信之道〉	28.1 公分	平齊（冂）
	〈老子〉丙、〈太一生水〉	26.5 公分	平齊（冂）
	〈魯公問子思〉、〈窮達以時〉	26.4 公分	梯形（一）
第三類	〈語叢〉一至四	15.1～17.5 公分	平齊（冂）

〔註21〕同上，54 頁。

〔註22〕周鳳五：〈郭店竹簡的形特徵及其分類意義〉，《郭店楚簡國際學術研討會論文集》，54 頁，武漢大學中國文化研究院編，2000 年，湖北人民出版社。

〔註23〕郭店竹簡屬於經典類的有：《緇衣》、《五行》、《性自命出》、《成之聞之》、《尊德義》、《六德》、《魯穆公問子思》、《窮達以時》、甲組《老子》等九篇。屬於傳注類的有：乙、丙兩組《老子》、《太一生水》、《忠信之道》、《唐虞之道》、《語叢一》、《語叢二》、《語叢三》、《語叢四》等九篇。參見周鳳五：〈郭店竹簡的形特徵及其分類意義〉，《郭店楚簡國際學術研討會論文集》，60 頁，武漢大學中國文化研究院編，2000 年，湖北人民出版社。

第三節　郭店楚墓竹簡的內容

　　郭店楚墓中出土有十六篇典籍，共 1 萬 3 千多字，包括《老子》（甲、乙、丙本）、《太一生水》、《唐虞之道》、《忠性之道》、《窮達以時》、《成之聞之》、《性自命出》、《六德》、《緇衣》、《魯公問子思》、《尊德義》、《五行》、《語叢一》、《語叢二》、《語叢三》、《語叢四》。其中《老子》（甲、乙、丙本）是目前所見最早的《老子》版本，與《太一生水》皆爲道家重要典籍，其餘十四篇則爲儒家經典〔註24〕。除《老子》、《緇衣》有流傳於世，《五行》見於馬王堆帛書外，其餘皆爲先秦佚書。大多數爲有關治國及人的道德修業論述，內容涵蓋自然、社會與個人，是爲人處世的務實書籍。

　　出土的郭店楚簡文字是典型的楚國文字，深具楚系文字的特性，這些文字爲典籍經書而非一般的公文或文書，且經由專人抄寫，字體典雅、秀麗，有學者將其書法分爲「端莊秀麗」、「婉柔細密」及「端整遒麗」〔註25〕三種類型，堪稱爲當時的書法精品。

一、《老子》共分三種：

　　（一）甲本共 39 枚，竹簡長度 32.3 公分，二端作梯形，有上下二道契口，間距 13 公分。內容包含今本《老子》的十九章、六十六章、四十六章中段及下段、三十章上段與中段、十五章、六十四章下段、三十七章、六十三章、二章、三十二章、二十五章、五章中段、十六章上段、五十六章、五十七章、五十五章、四十四章、四十章、九章等。

　　（二）乙本共有 18 枚，簡長 30.6 公分，二端平齊，上下二道契口間距 13 公分。內容包含今本《老子》的五十九章、四十八章上段、二十章上段、十三章、四十一章、五十二章中段、四十五章及五十四章等。

　　（三）丙本共存 14 枚，簡長 26.5 公分，二端平齊，二道契口距離 10.8 公分。內容包含今本《老子》的十七章、十八章、三十五章、三十一章中段與下段、六十四章下段。

　　這三組《老子》的內容合計僅相當於今本的五分之二，章序、文字與今本相較均有很大差異。

〔註24〕《郭店楚墓竹簡老子》甲，59、60 頁，2002 年 10 月，北京，文物出版社。
〔註25〕參見蔡崇銘：〈郭店楚墓竹簡之書法藝術與價值〉，《一九九八年書法論文集》，112～114 頁，民國 88 年 3 月，台北，蕙風堂筆墨公司出版。

二、《太一生水》

共存 14 枚，簡長 26.5 公分，二端平齊，二道契口間距爲 10.8 公分，其形制與《老子》丙本相同，原來可能與合編一冊。

三、《緇衣》

共計 47 枚，簡長 32.5 公分，二端修削作梯形，二道契口間距爲 12.8～13 公分。此篇的內容與《禮記》的《緇衣》篇大致相符，二者可能是不同傳本的同一篇書，但章序、文字與今本有很大出入，應是較今本所據之本原始，章序亦較今本合理。

四、《魯公問子思》

篇名爲據簡文所擬加，共存 8 枚，簡長 26.4 公分，二端修削作梯形，二道契口間距爲 9.6 公分。子思爲孔子之孫，《漢書・藝文志》記有《子思子》二十三篇，班固謂子思「名伋，孔子孫，爲魯穆公師。」《史記・孔子世家》記「子思作《中庸》」。

五、《窮達以時》

竹簡形制及簡文書體與《魯公問子思》相同，共存 15 枚，簡長 26.4 公分，二端修削作梯形，二道契口間距爲 9.4～9.6 公分。篇題爲據簡文所擬加，其內容和《荀子・宥坐》、《孔子家語・在厄》、《韓詩外傳》卷七、《說苑・雜言》記錄孔子因困於陳蔡之間時答子路的一段話類似，與《韓詩外傳》卷七、《說苑・雜言》所記載尤其相近。

六、《五行》

共存 50 枚，簡長 32.5 公分，二端修削作梯形，二道契口間距爲 12.9～13 公分。本篇文字大致與馬王堆帛書《老子甲本卷後古佚書》中《五行》篇之經部相同，但個別文句或段落先後次序不同，文句數及用字亦有別。文中所指的「五行」爲仁、義、禮、智、聖，即《荀子・非十二子》所指斥的子思、孟子的五行說；簡本當時可能即以「五行」爲篇名。〔註26〕

〔註26〕參見荊門市博物館：《郭店楚墓竹簡》，149 頁，1998 年 5 月，北京，文物出版社。

七、《唐虞之道》

篇題為據簡文所擬加,共存簡 29 枚,簡長 28.1～28.3 公分,竹簡二端平齊,二道契口間距為 14.3～1 公分。竹簡因有殘損,只可湊連成數段文字,但仍可瞭解其大意。文意主要贊揚堯舜的禪讓,較偏重敘述舜知命修身及具有的仁、義、孝、弟品德。簡文全篇未見傳本,但有關舜的史實見於《史記‧五帝本紀》等書。

八、《忠信之道》

篇題為據文意所擬加,僅存簡 9 枚,簡長 28.2～28.3 公分,竹簡二端平齊,二道契口間距為 13.5 公分。簡文列舉有關忠信的各種表現,最後歸結為「忠,仁之實也。信,義之期也」。

九、《成之聞之》

篇題為據簡文內容擬加,共存簡 40 枚,簡長 32.5 公分,竹簡二端作梯形,二道契口間距為 17.5 公分。

十、《尊德義》

篇題為據簡文內容擬加,共存簡 39 枚,簡長 32.5 公分,竹簡二端作梯形,二道契口間距為 17.5 公分。

十一、《性自命出》

篇題為據簡文內容擬加,共存簡 67 枚,簡長 32.5 公分,竹簡二端作梯形,二道契口間距為 17.5 公分。

十二、《六德》

篇題為據簡文內容擬加,共存簡 49 枚,簡長 32.5 公分,竹簡二端作梯形,二道契口間距為 17.5 公分。

十三、《語叢》一

本篇及後三篇之內容體例與《說苑‧談叢》、《淮南子‧說林》類,篇名因而擬作《語叢》。共存簡 112 枚,簡長 17.2～17.3 公分,竹簡二端平齊,有

三道編繩。簡文內容類似格言文句，論及人與仁、義、德、禮、樂的關係，並概述《易》、《春秋》、《詩》、《禮》、《樂》等書的內容。

十四、《語叢》二

　　共存簡 54 枚，簡長 15.1～15.2 公分，竹簡二端平齊，有三道編繩。簡文內容類似格言文句，主要敘述先秦時期的流行看法，即喜、怒、悲、樂及慮、欲、智等皆源自於「性」。

十五、《語叢》三

　　共存簡 72 枚，簡長 17.6～17.7 公分，竹簡有三道編繩，二端平齊。本篇簡文自 64 簡以後的各簡均分上下二欄書，此種書寫方式在其他楚簡中屬特例，文句內容類似格言短句，主要談論儒家道德思想，即君、臣、父、子、孝、弟、仁、義等。

十六、《語叢》四

　　本篇篇題因體例而歸入《語叢》，共存簡 27 枚，簡長 15.1～15.2 公分，竹簡編繩有二道，間距 6～6.1 公分，二端平齊。整篇由類似格言短組成；簡文陳述「君」與「士」結交和「巨雄」及「謀友」是必要的，亦指陳「竊邦者為諸侯」，直接反映當時不同階級對社會的看法。

第四節　郭店楚墓竹簡所處的時代背景

　　郭店一號楚墓竹簡於 1993 年 10 月，出土在湖北省荊門市沙洋區四方鄉郭店村的一個戰國古墓葬群中，該墓經盜擾並損及竹簡，劫餘的竹簡散亂無序，清理後共存 804 枚，1 萬 3 千多字，經整理考證共有十六篇典籍，均是學術著作。據考古學者依據墓葬型制與出土器物紋樣等推定，下葬年代為戰國中期偏晚，約西元前 300 年上下；亦有學者認為，根據文獻記載，西元前 278 年以後，楚國曾收復失地，因此郭店一號楚墓的年代下限未必就是西元前 278 年〔註 27〕。可以確定墓主屬士級貴族，部分學者認為可能是隨葬耳杯銘文所

〔註 27〕收錄於《郭店楚簡研究》，410 頁，1999 年 1 月，遼寧教育出版社。

稱的「東宮之師」，亦即楚國太子的老師，他應是當時學識水準甚高的學者。因此郭店楚簡這批典籍資料，與包山楚簡或馬王堆出土的文書資料不同，它是一個學識廣博的學者對儒家與道家早期最精的圖書收藏選擇。若說它是教材，必定經過精選的材料，是當時重要的文獻。〔註28〕

　　出土的郭店楚簡內容可分二部份：一是道家著作，二為儒家著作。道家著作共二種四篇：即《老子》甲、乙、丙本三篇及《太一生水》一篇。儒家著作十一種十四篇：《緇衣》、《魯穆公問子思》、《窮達以時》、《五行》、《唐虞之道》、《忠信之道》、《成之聞之》、《尊德義》、《性自命出》、《六德》各一篇，《語叢》一、二、三、四等共四篇。其中《老子》和《五行》二種亦見於馬王堆帛書，內容大致相同。這批典籍文獻書寫時間應不晚於下葬年代西元前300年，與孟子活動的後期相當，均早於《孟子》的成書。〔註29〕

　　近幾十年來大批學術簡帛竹書相繼出土，其中以1972年銀雀山二座漢墓出土了近5千枚竹簡，主要內容為兵書；1975年雲夢睡虎地一座秦墓出土了1千1百多枚，主要內容為法律；而郭店楚簡則是儒家與道家重要著作。銀雀山、雲夢睡虎地竹書與馬王堆帛書曾解決學術史諸多疑難問題；而郭店楚簡出土簡數雖然最少，但卻最具學術研究價值，因為它不但填補了儒家學說史上的一段重大空白，還顯露前所未聞儒道兩家在先秦是和平共處的訊息〔註30〕。

　　郭店楚墓竹簡出土的資料被認為可以是先秦時期的一個精緻圖書館的資料，例如儒家的資料《性自命出》即填補了孔子到孟子1百多年間的理論環節；孔子談仁，孟子仁義并提的疑義亦獲致解決。孔子時代各種道德範疇雖已齊備，但過於強調仁，難免忽略其他範疇作用，而墨子將仁愛推向極端卻缺乏牽制手段，但於論述「仁義禮智聖」五種德行的郭店楚簡《五行》篇裡，各種範疇則普遍受到重視。五種德行之外，還涉及許多其他德行，如《唐虞之道》篇的「尊賢與禪讓」，《忠信之道》篇的「忠信」，《語叢》篇的「廉恥孝慈」等，而這些德行最後均歸結到仁義的表現和存在〔註31〕。同時出土的

〔註28〕參見杜維明：〈郭店楚簡與先秦儒道思想的重新定位〉，《郭店楚簡研究》，2頁，1999年1月，遼寧教育出版社。

〔註29〕參見李學勤：〈先秦儒家著作的重大發現〉，《郭店楚簡研究》，13、15頁，1999年1月，遼寧教育出版社。

〔註30〕龐樸：〈古墓新知──漫談郭店楚簡〉，《郭店楚簡研究》，8頁，1999年1月，遼寧教育出版社。

〔註31〕龐樸：〈古墓新知──漫談郭店楚簡〉，《郭店楚簡研究》，9頁，1999年1月，遼寧教育出版社。

《緇衣》篇見傳於《禮記》中，而竹簡中有多處內容與《禮記》若干篇章有關連，已影響到現代人對《禮記》的看法，它比想像中的年代更久遠。〔註32〕

郭店楚簡的出土，亦受到美國漢學界的重視，尤其《太一生水》更引起了西方高度關注，萊頓大學的施舟人教授認爲《太一生水》對整個道家哲學，特別是道家的宇宙發生論，有重大的影響。但是對於《太一生水》的宇宙發生論是否是雙軌的，且太一生水，水輔太一以生天、生地，再生神明、陰陽、四時等所牽涉的問題非常複雜，它是民間信仰亦或是中國較早的宇宙生成論，尚都需要再深入研究。〔註33〕

郭店楚簡中《老子》甲、乙、丙本三篇，其內容分別見於今本，但合計卻未達今本的五分之二。由於郭店一號楚墓曾遭盜擾，目前尚難確定原始《老子》版本是否僅只這些，亦無法推測爲何會抄成三篇，但是除了篇章及文句順序有差異外，基本上內容與傳世本相近似。在《老子》甲本「絕知棄辯，民利百倍；絕巧棄利，盜賊無有；絕僞棄作，民復孝慈。」這段話，基本相似個別不同中卻透露著儒道兩家和平共處的驚人之筆。此段相當於今本第十九章或馬王堆帛書本第六十三章，其中關鍵有三個字不同，即「絕知棄辯」，帛書本和今本均作「絕聖棄知」；「絕僞棄作」帛書本和今本均作「絕仁棄義」。世人皆知，聖與仁義都是儒家所極力推崇的德行，如在同時出土的《五行》篇中，聖被描寫爲「仁義禮智聖」五種德行的最高一行，仁義則是最基礎的二行。棄絕這三行，儒家和道家在價值觀的面向將徹底對立。令人驚奇的是楚簡《老子》竟然未曾棄絕這三行，它所棄絕的是「辯、僞、作」，以及無爭議的另外「知、巧、利」三者，而這些均是儒家所鄙視的，這個關鍵正是震撼世人對儒道兩家所認知的重大訊息〔註34〕。因此，杜維明即說：「郭店楚墓竹簡出土以後，整個中國哲學史、中國學術史都需要重寫。〔註35〕」

此外，在書法文字方面，郭店楚簡的文字多同於郭忠恕《汗簡》、夏竦《古文四聲韻》所引用的古文。這些古文歷年來長期遭受學者否定並懷疑是杜撰

〔註32〕 李學勤：〈先秦儒家著作的重大發現〉，《郭店楚簡研究》，21頁，1999年1月，遼寧教育出版社。

〔註33〕 杜維明：〈郭店楚簡與先秦儒道思想的重新定位〉，《郭店楚簡研究》，1頁，1999年1月，遼寧教育出版社。

〔註34〕 龐朴：〈古墓新知—漫談郭店楚簡〉，《郭店楚簡研究》10頁，1999年1月，遼寧教育出版社。

〔註35〕 杜維明：〈郭店楚簡與先秦儒道思想的重新定位〉，《郭店楚簡研究》，4頁，1999年1月，遼寧教育出版社。

僞造的。但是近幾十年來隨著戰國簡帛文字的不斷出土，與學者不斷的研究發現，二書重新受到重視並還其清白，在出土的戰國古文字中以郭店楚簡裡的特異字形，與二書的古文寫法相同或相近似的最多。例如簡中多見「」字均讀爲「道」，此字亦見於馬王堆帛書和秦刻石石鼓文，讀作「行」，而《汗簡》、《古文四聲韻》收錄記爲「道」，並載出自古《尙書》和古《老子》，恰與竹簡正好相符。歷史記載魯國曾於西元前 256 年已爲楚國兼併，因而曲阜時有戰國晚期楚國文物出土，漢代前期魯都曲阜孔子家壁所藏古文竹簡《尙書》等書籍，很可能是以楚文字書寫的，因此孔壁流傳的古文和郭店楚簡自然相類似；另外，古《老子》當是北齊武平五年（西元 574 年）彭城人開項羽妾塚所得的《老子》，唐代傅奕校訂的《道德經古本篇》即是此本，項羽爲楚國人，其妾墓中隨葬的《老子》很可能也是以楚文字書寫的。〔註36〕

郭店楚簡出土簡數雖然不及銀雀山漢墓出土的兵書及雲夢睡虎地秦墓出土的法律篇章，在學術上這十六篇經典是儒家與道家重要著作，不但補足了儒家學說史上的一段重大空白，還揭露前所未聞儒道兩家在先秦是和平相處，道家也不曾「絕聖棄知」與「絕仁棄義」；在書法文字上，傳世的《汗簡》、《古文四聲韻》裡所收錄的古文字形可與郭店楚簡文字相對應，證明這二本書籍並非杜撰。因此，郭店楚簡爲學術界公認是出土的戰國簡帛書資料中最具學術研究價值，其時代背景與意義不容小覷。

〔註36〕 李學勤：〈郭店楚簡與儒家經籍〉，《郭店楚簡研究》，20、21 頁，1999 年 1 月，
遼寧教育出版社。

第三章 郭店竹簡《老子》之文字內容

　　本章分為四節，欲就郭店竹簡《老子》的文字內容、甲本與丙本同文的字形、《老子》與《太一生水》、標誌符號與文字造形做探討。

第一節 郭店楚墓竹簡《老子》的內容

　　郭店竹簡《老子》於 1993 年出土，繼 1973 年馬王堆帛書《老子》考古發掘之後為目前所見最古老的版本，其出土無疑為研究《老子》提供更原始資料，也為我們提供了對先秦思想源流與老子的思想被紀錄成書流傳等諸多問題探尋線的索。由於出土的是以筆、墨、竹簡書寫而成的「書寫真蹟」，因此，亦提供了研究書法面向的重要探索資訊材料，使我們得以一窺先秦六國古文篆書的真實面貌。

　　馬王堆帛書《老子》乙本有篇名，〈德篇〉在前，〈道篇〉在後；帛書《老子》甲本雖無篇名，但〈德篇〉編寫在前，〈道篇〉編寫在後。今本（王弼本）分上篇〈道經〉下篇〈德經〉。竹簡《老子》則有別於今本和帛書本，無〈德篇〉、〈道篇〉或上篇、下篇之分。

　　竹簡《老子》比較完整的一大段為竹簡編號第 1 至第 12 簡，包含有今本的第十九章、六十六章、四十六章（中下段）、三十章（上、中段）、十五章、六十四章（後半段）、三十七章、六十三章、二章、三十二章。但是，其內容含有〈道經〉和〈德經〉章節，且交錯在一起，完全無法與今本對應，可見此本現知最古老的竹簡《老子》版本並未如今本《老子》所分之章節次序。因此常有學者認為，可能先有簡本的不分篇，後有帛書本的分篇（《德篇》在前，《道篇》在後），再有今本的《道經》在上，《德經》在下的分篇〔註1〕。

〔註 1〕 許抗生：〈初讀郭店竹簡老子〉，《郭店楚簡老子研究》，94 頁，1999 年 1 月，瀋陽，遼寧教育出版社。

　　竹簡《老子》出土時原來的編繩已殘脫並散落於墓中，經整理後，其章次順序已無法保證是即原有狀態。竹簡《老子》內容共分甲、乙、丙三組，依整理者所恢復之章次與今本《老子》存有相當大的差異性而無法相對應。甲、乙、丙三組共 71 簡合計 1712 字。其中，甲本和丙本有同文，均抄有今本第六十四章後半段，但文字內容頗有出入，實際同文僅 42 字（於本章第二節另作探討）。觀察三本竹簡《老子》編繩痕跡不是先寫後編，屬於先編後寫形式。

　　一、竹簡《老子》甲本共 39 枚 1072 字，其中第 26 簡斷損餘 16 字。竹簡兩端均修成梯形，簡長 32.3 公分。編線兩道，其間距 13 公分。與今本《老子》對照，包含第十九章、六十六章、四十六章（中、下段）、三十章（上、中段）、十五章、六十四章（後半段）、三十七章、六十三章、二章、三十二章、二十五章、五章（中段）、十六章（前段）、六十四章（前半段）、五十六章、五十七章、五十五章、四十四章、四十章、九章。

　　甲本闡述重點在「道」的存在和運行，「道」和治國、修身的關係聯性。老子的思想基礎是「道」，然而「道」的論述在老子的思想體系中卻只居於次要地位而非主角。竹簡文章認為，「道」玄妙精深，恍惚不定，有象有形，先天地而存在，循環運行不息。「道」是一個絕對體，它產生萬物，是萬物之母。道、人、天、地，其中「道」是第一位，它不會隨著變轉而消失。「道」永遠是無名而質樸的，它雖然微小不可見，但無處不在，能使它臣服。簡文中有些字句與今本《老子》不盡相同，但本質上沒有太大差異。竹簡思想內容淺顯易懂，沒有今本《老子》有關於玄思宇宙的高深哲理。竹簡《老子》甲本相較於今本《老子》在章節字數上落差較大，應是《老子》較原始的版本。〔註2〕

　　二、《老子》乙本共 18 枚 374 字，有 3 字損壞不清。簡長 30.6 公分，簡端呈直角，兩道編線間距 13 公分。內容與今本對照有第五十九章、四十八章（前半段）、二十章（前段）、十三章、四十一章、五十二章（中段）、四十五章、五十四章。

　　三、《老子》丙本與《太一生水》編連在一起，共 14 枚 266 字，有 4 字損壞不清。簡長 26.5 公分，簡端呈直角，編線距離 10.8 公分。內容與今本對照

〔註 2〕荊門市博物館：《郭店楚墓竹簡‧老子甲》，68 頁，2002 年 10 月，北京，文物出版社。

有第十七章、十八章、三十五章、三十一章（中段和下段）、六十四章（下段）。

　　竹簡《老子》甲、乙、丙本各篇有各自所屬的思想核心。甲本的思想核心有二個：一個是治國，另一個是道和修道；乙本的思想核心是修道；丙本的思想核心是治國。裘錫圭認爲楚簡《老子》是「摘抄」本〔註3〕，姚志豪則認爲應是由經師的記憶、口誦，由學者的耳聞加以記錄的抄本；這三組簡文以甲本竹簡形制最爲標準，爲傳抄主體，乙、丙本是事後抄補。〔註4〕但多數學者認爲竹簡甲、乙、丙本是在《老子》全本的基礎上摘錄的〔註5〕。然而不可忽視的是郭店一號楚墓於荊門市博物館考古人員發掘前即經「數次盜擾」，搶救下餘存 8 百多枚竹簡，損失數量及情形不明卻是不爭的事實，因此，竹簡甲、乙、丙本是否爲《老子》全本的摘錄不得而知。

第二節　甲本與丙本同文的字形探討

　　本節將探討《老子》甲本、丙本與《元刻樓觀篆書本道德經碑》的同文段落字形的情況，並就合文、飾（贅）筆、特有的「弗」和書法賞析等進行相關探討。

　　按 1998 年 5 月文物出版社出版《郭店楚墓竹簡》出土竹簡之編號《老子》甲本與丙本有一段落內容同文，甲本在第 10 簡後段至第 13 簡前段共 71 字，丙本在第 10 簡至第 14 簡計 74 字，其中有 60 字同文（字略有出入），而傳抄古文《元刻樓觀道德經碑》此段落亦有 64 字同文（字亦略有出入）可以對照比較。

　　樓觀臺位於陝西省周至縣（元至元初年隸屬鳳翔府）終南山北麓。周康王時，承谷關令尹喜在此結草爲樓，以觀天象，時人謂之草樓觀。樓觀道德經碑有篆書與楷書兩種。篆書碑刻於元世祖至元 28 年 10 月 16 日，爲著名書法家高翻所書。碑有二通，均爲螭首方趺，高 3.3 米，寬 1 米，厚 0.33 米。道德經全文刻於兩碑四面，計 99 行，行 54 至 55 字，共 5263 字。兩碑碑陽

〔註 3〕 參見裘錫圭：〈郭店楚簡老子簡初探〉，《道家文化研究》第十七輯，25 頁，1999
　　　　年 8 月，生活、讀書、新知三聯書店出版。

〔註 4〕 姚志豪：〈郭店楚簡老子的文獻性質〉，《研究與動態》第十七期，41 頁，1999
　　　　年 8 月，生活、讀書、新知三聯書店出版。

〔註 5〕 矗中慶：《郭店楚簡老子研究》，161 頁，2004 年 2 月，大陸北京，中華書局。

皆篆「古老子」〔註6〕。茲將甲本、丙本與《元刻樓觀篆書本道德經碑》同文段落文字圖貌臚列如下：

表 3-2-1

	爲	之	者	敗	之，	執	之	者
甲	10-22	10-23	10-24	10-25	10-26	10-27	10-28	10-29
丙	11-1	11-2	11-3	11-4	11-5	11-6	11-7	11-8
	爲	之	者	敗	之，	執	之	者
樓觀碑								
	爲		者	敗	之，	執		者

表 3-2-2

	遠	之。	是	以	聖	人	亡	爲，
甲	10-30	11-1	11-2	11-3	11-4	11-5	11-6	11-7
丙	11-9	11-10			11-11	11-12	11-13	11-14
	失	之。			聖	人	無	爲，
樓觀碑								
	失	之。	是	以	聖	人	無	爲，

〔註6〕劉兆英：《元刻樓觀篆書本道德經碑》，175 頁，2003 年 10 月，陝西旅遊出版社。

表 3-2-3

	古	亡	敗;		亡	執，	古	亡
甲	11-8	11-9	11-10		11-11	11-12	11-13	11-14
丙	11-15	11-16	11-17	11-18	11-19	11-20	11-21	
	古	無	敗	也；	無	執，	古	
樓觀碑								
	故	無	敗；		無	執，	故	無

表 3-2-4

	失。	臨	事	之	紀，	慎	終	女（如）
甲	11-15	11-16	11-17	11-18	11-19	11-20	11-21	11-22
丙						12-1	12-2	12-3
						慎	終	若
樓觀碑								
	失。	民之从事，常於幾成而敗之。				慎	終	如

表 3-2-5

	始，	此	亡	敗	事	矣。		
甲	 11-23	 11-24	 11-25	 11-26	 11-27	 11-28		
丙	 12-4	 12-5	 12-6	 12-7	 12-8	 12-9	 12-10	 12-11
	始，	則	無	敗	事	壴。	人	之
樓觀碑								
	始，	則	無	敗	事。			

表 3-2-6

甲								
丙	 12-12	 12-13	 12-14	 12-15	 12-16	 12-17	 12-18	 12-19
	敗	也；	互	於	其	且	成	也
樓觀碑								

表 3-2-7

					聖	人	谷	不
甲					11-29	11-30	11-31	12-1
丙	12-20	12-21	12-22	12-23		13-1	13-2	13-3
	敗	之。	是	以		人	欲	不
樓觀碑								
			是	以	聖	人	欲	不

表 3-2-8

	谷，	不	貴	難	得	之	貨；	教
甲	12-2	12-3	12-4	12-5	12-6	12-7	12-8	12-9
丙	13-4	13-5	13-6	13-7	13-8	13-9	13-10	13-11
	欲，	不	貴	難	得	之	貨；	學
樓觀碑								
	欲，	不	貴	難	得	之	貨；	學

表 3-2-9

	不	教，	復	眾	之	所	過。	是
甲	12-10	12-11	12-12	12-13	12-14	12-15	12-16	12-17
丙	13-12	13-13	13-14	13-15	13-16		13-17	13-18
	不	學，	復	眾	之所（合文）		過。	是
樓觀碑								
	不	學，	復	眾	人之所		過。	

表 3-2-10

	古	聖	人	能	專（輔）	萬	勿	之
甲	12-18	12-19	12-20	12-21	12-22	12-23	12-24	12-25
丙	13-19			13-20	13-21	13-22	13-23	14-1
	以			能	補（輔）	墵（萬）	勿	之
樓觀碑								
				以	輔	萬	物	之

—50—

表 3-2-11

	自	然，	而	弗	能	為。
甲	12-26	12-27	12-28	12-29	13-1	13-2
丙	14-2	14-3	14-4	14-5	14-6	14-7
	自	然，	而	弗	敢	為。
樓觀碑						
	自	然，	而	不	敢	為。

　　由以上字表觀之，甲本、丙本和樓觀碑在此段落雖有同文，然其文字內容卻略有差異，分析對照如下：

表 3-2-12

甲本	為	之	者	敗	之，	執	之	者	遠	之。	是	以	聖	人	亡	為，
丙本	為	之	者	敗	之，	執	之	者	失	之。			聖	人	無	為，
樓觀	為		者	敗	之，	執		者	失	之。	是	以	聖	人	無	為，

表 3-2-13

甲本	古	亡	敗；		亡	執，	古	亡	失。	臨	事	之	紀。			
丙本	古	無	敗	也；	無	執，	古									
樓觀	故	無	敗；		無	執，	故	無	失。	民	之	從	事，	常	於	幾

表 3-2-14

甲本				愼	終	女	始，	此	亡	敗	事	矣。	
丙本				愼	終	若	始，	則	無	敗	事	壴。	人	之	敗
樓觀	成	而	敗	之。	愼	終	如	始，	則	無	敗	事。		

表 3-2-15

甲本									聖	人	谷	不	谷，
丙本	也；	亙	於	其	且	成	也	敗	之。	是	以		人	欲	不	欲，
樓觀									是	以	聖	人	欲	不	欲，

表 3-2-16

甲本	不	貴	難	得	之	貨；	教	不	教，	復	眾		之	所	過。	是
丙本	不	貴	戁	得	之	貨；	學	不	學，	復	眾	之所 （合文）		過。	是
樓觀	不	貴	難	得	之	貨；	學	不	學，	復	眾	人	之	所	過。

表 3-2-17

甲本	古	聖	人	能	專	萬	勿	之	自	然，	而	弗	能	爲。
丙本	以			能	補	塼	勿	之	自	然，	而	弗	敢	爲。
樓觀	以			輔	萬	物	之	自	然，	而	不	敢	爲。	

一、甲本、丙本和樓觀碑同文段落的文字增損情形

（一）甲本：「為之者敗之，執之者遠之。是以聖人亡為，古亡敗；」

丙本：「爲之者敗之，執之者失之。聖人無爲，古無敗也；」

樓觀碑：「爲者敗之，執者失之。是以聖人無爲，故無敗；」

此段丙本增於甲本、樓觀碑1「也」字；樓觀碑損於甲、丙本2「之」字。

（二）甲本：「亡執，古亡失。臨事之紀。慎終女始，此亡敗事矣。」

丙本：「無執，古慎終若始，則無敗事壴。」

樓觀碑：「無執，故無失。民之從事，常於幾成而敗之。慎終如始，則無敗事。」

此段三者相差較多，丙本損於甲本「無失臨事之紀」等6字；樓觀碑「臨事之紀」作「民之從事」，增於甲本「常於幾成而敗之」等7字，增於丙本「無失民之從事常於幾成而敗之」等13字。

（三）甲本：「聖人谷不谷，不貴難得之貨；教不教，復眾之所過。」

丙本：「人之敗也；互於其且成也敗之。是以人欲不欲，不貴難得之貨；學不學，復眾之所過。」

樓觀碑：「是以聖人欲不欲，不貴難得之貨；學不學，復眾人之所過。」

此段甲本「聖人欲不欲」前皆少於丙本、樓觀碑2字「是以」；丙本增於甲本、樓觀碑「人之敗也互於其且成也敗之」12字，「是以」後少於甲本、樓觀碑1「聖」字；樓觀碑「復眾人之所過」較甲本、丙本多1「人」字。

（四）甲本：「是古聖人能專萬勿之自然，而弗能為。」

丙本：「是以能補摶勿之自然，而弗敢爲。」

樓觀碑：「以輔萬物之自然，而不敢爲。」

此段丙本少於甲本「聖人」2字；樓觀碑損於甲本「是聖人能」3字。

二、甲本、丙本和樓觀碑用字不同情形：（）內爲不同字

（一）本「爲之者敗之，執之者（遠）之」；丙本「爲之者敗之，執之者（逃失）之」；樓觀碑同丙作「執者（失）之」。

（二）甲本「聖人（亡）爲古（亡）敗，（亡）執古…」；丙本「聖人（無）爲古（無）敗也，（無）執古…」；樓觀碑「無」同丙本作「無」，「古（故）」作「故」。

甲本「慎（多）（女）始，（此亡）敗事（矣）」；丙本「慎（終）（若）始，（則無）敗事（壴）」；樓觀碑「慎終（如）始，（則無）敗事」。

（三）甲本「聖人（谷）不（谷），不貴（難）得之貨」；丙本「是以人

（欲）不（欲），不貴（ ）得之貨」；樓觀碑作「是以聖人（欲）不（欲），不貴難得之貨」。

（四）甲本「（教）不（教），復眾之所過」；丙本「（學）不（學），復眾之所過」；樓觀碑作「學不學，復眾人之所過」。

（五）甲本「眾（之所）過」，丙本「眾｛（之所）合文｝過」；樓觀碑「之所」2 字獨立。

（六）甲本「是（古）聖人能（專）萬物之自然而弗（能）爲」；丙本「是（以）能（ ）萬物之自然而弗（敢）爲」；樓觀碑「（以）輔萬（物）之自然，而（不敢）爲」。

因此，扣除增損字、不同字後，竹簡《老子》甲本、丙本的實際同文字數有下列 42 字：

「爲之者敗之執之者之聖人爲古敗執古愼始敗事人不不貴得之貨不復眾之所過是能勿之自然而弗爲」；而樓觀碑與甲、丙本文字皆相同者僅 34 字。

三、文字書寫合文的狀況

竹簡《老子》甲本與丙本的合文狀況，僅有丙本出現「之所」一例，上、下二字合體共用同一橫畫，作 （1・3・13）形，字下二短橫爲重文標誌符號；甲本「之所」二字分寫並未合文，作 （1・1・12），「所」字下二點重文的標誌符號，爲書手誤植。

四、竹簡《老子》與元刻樓觀碑篆書《道德經》的文字狀況

竹簡《老子》的文字學界普遍認定並稱爲「六國古文」中的楚系文字，而字元刻樓觀碑篆書《道德經》的文字則保留有爲數可觀的「六國古文」字形，以下就同文段落的文字情形作分析探討：

（一）字形不同

1.「爲」，《老子》甲本作 （1.1.10-22）形；丙本作 （1.3.11-1）形；樓觀碑作 形。「爲」，甲骨文作 （明藏 145）形，有「手牽象」形狀，甲、丙本之爲字均已省形簡化，左側「爪（手）」形不變，右側「象」形簡化存象頭及脊椎，象腳丙本作二短橫，甲本象腳已省略，與包山楚簡 （7）、 （232）

同形，是典型楚系文字樣貌，而石經[石經字形]、華岳碑[華岳碑字形]二形與甲、丙本近似；樓觀碑爲字則傳抄較接近金文[字形]（曾伯陭壺）和古陶文[字形]（5.384）的文字。

2.「人」，《老子》甲、丙本皆作[字形]（1.1.11-5）、[字形]（1.3.11-12）形；樓觀碑作[字形]形，此形應出自傳抄古文，如碧落碑[字形]、汗簡[字形]（3.42）、古文四聲韻[字形]（1.31 古老子）等，而甲骨文、金文、古陶文皆作[字形]（戩41.6）、[字形]（克鼎）、[字形]（6.166）形，未見上下二人重疊之形。

3.「者」，《老子》甲本作[字形]（1.1.10-24）形，丙本作[字形]（1.3.11-3）形，樓觀碑作[字形]形。甲、丙本「者」字形較接近金文[字形]（伯者父簋）、[字形]（喬君鉦）及候馬盟書[字形]（1：1）、[字形]（194：8）；樓觀碑「者」字甲骨文、金文均未見相類似字形，而見於古文四聲韻裡之[字形]（古孝經）、[字形][字形]（古老子）、[字形]（雲臺碑），應爲其所從出。

4.「故」，甲本「是以聖人亡爲，古亡敗」，丙「聖人無爲，古無敗也」，甲、丙本均作[字形]（1.1.11-8）、[字形]（1.3.11-15）形，「古」、「故」爲古今字，此二形爲古形；樓觀碑作[字形]形，未見於《汗簡》與《古文四聲韻》，可能出自金文[字形]（班簋）、古陶文[字形]（5.77）、秦簡[字形]（語12）或小篆[字形]形，其左部與《汗簡》「[字形]」形相近似，亦可能書寫版本即有[字形]形，帛書本甲、乙此段落恰缺「故」字，河上公及范應元本悉作「故」字。

5.「無」，甲本作「亡」[字形]（1.1.11-9），丙本作「無」[字形]（1.3.11-16），樓觀碑作「無」[字形]；甲本以「亡」假「無」，樓觀碑與丙本同作「無」，惟字形略異，形體較接近金文[字形]（盂鼎）或小篆[字形]。

6.「失」，甲本「無執古無失」之「失」作[字形]（1.1.11-15），丙本此段落缺字，樓觀碑作[字形]；楚文字「失」多作[字形]（遊）形，《古文四聲韻》作[字形]、[字形]（5.8 老子）、[字形]（海），樓觀碑[字形]形與《古文四聲韻》所收錄[字形]較近似。

7.「愼」，甲本作[字形]（1.1.11-20），丙本作[字形]（1.3.12-1），字形與金文「誓」字或作[字形]（散盤）、[字形]（鬲比簋）相近似；樓觀碑作[字形]，此形見金文[字形]（郱

公華鐘）、《汗簡》 、《古文四聲韻》 （古老子）、 （古尚書）。

8.「終」，甲本以多假終作 （1.1.11-21）形，丙本 （1.3.12-2）爲終本；樓觀碑作 ，此形亦爲冬本字，與甲本 （1.1.15）形近似。

9.「始」，甲本作 （1.1.11-23），丙本作 （1.3.12-4），二形均爲假借字；樓觀碑作 ，此形傳抄古文《汗簡》和《古文四聲韻》未見，與小篆 接近。

10.「欲」，甲本以谷假作欲，作 （1.1.11-31）形，丙本爲欲本字，作 （1.3.13-2）形，樓觀碑作 形，亦爲欲本字。

11.「貴」，甲本作 （1.1.12-4）形，與丙本 （1.3.13-6）同形；樓觀碑作 形，與《古文四聲韻》 （4.8 老子）、《集篆古文韻海》 （4.10）形近。

12.「難」，甲本作从黃从隹之 （1.1.12-5）形，丙本作从黃从隹从心之假借字 （1.3.13-7）形；樓觀碑作 形，與《古文四聲韻》收錄之 （1.37 庶）同形。

13.「學」，甲本作教 （1.1.12-9），丙本作學 （1.3.13-11）；樓觀碑作學 ，與甲本教字同形，緣竹簡《老子》學均作 形，因此甲本作 形隸定爲「教」；樓觀碑之「學」與《古文四聲韻》 （4.7 老子）、《集篆古文韻海》 （5.7）所收錄之字形近似。

14.「復」，甲本作 （1.1.12-12），丙本作 （1.3.13-14），二形相近；樓觀碑作 ，此形近似《石經》 （33 下）、《汗簡》 （1.9 郭）。

15.「過」，甲本作 （1.1.12-16），丙本作 （1.3.13-17）；樓觀碑作 ，見《古文四聲韻》 （2.10 籀）。

16.「輔」，甲本作 （1.1.12-22），丙本作 （1.3.13-21），二形皆以「專」、「補」假作「輔」；樓觀碑作 ，見《古文四聲韻》 （3.10 老）。

17.「然」，甲本作 （1.1.12-27），丙本作 （1.3.14-3），二形皆以「肰」

假作「然」；樓觀碑作，與《集篆古文韻海》（2.2）形近。

（二）字形相同

1. 「敗」，《老子》甲、丙本皆作（1.1.10-25）、（1.3.11-4），樓觀碑作。「敗」字從二「貝」形者見續「甲骨文作（珠294）、金文作（南疆鉦），秦、楚二系文字雖各有強烈地域色彩，然此形承襲自商周文字並無改變，如包山楚簡作從二「貝」（23）形，而樓觀碑與傳抄古文汗簡、古文四聲韻（古老子）亦均作此形；秦系文字作從一「貝」形，如睡虎地秦簡（秦164）於甲骨文（乙7705）亦可見。

2. 「之」，《老子》甲、丙本皆作（1.1.10-26）、（1.3.11-5），樓觀碑作，字形傳承自商周文字，與甲骨文（3113）、金文（善夫克鼎）形體相符，秦系「之」作（秦64）亦相同。

3. 「執」，甲、丙字形相同，均作（1.1.10-27）、（1.3.11-6）形；樓觀碑雖為元朝刻本作形，其字形與竹簡《老子》甲、丙近似，應系出自楚系文字，三者「執」均作從女之「嬰」，《說文》：「嬰，至也。從女，執聲。」此字應是聲假字，以嬰通假作執。

4. 「事」，甲本作（1.1.11-27），丙本作（1.3.12-8），樓觀碑作，三者字形近似。

5. 「不」，甲本作（1.1.12-1），丙本作（1.3.13-3）；樓觀碑作，與甲骨文、金文、小篆近似，甲、丙本字上或豎畫中加短橫為飾筆，三者寫法不同，而在本質上字體卻相同。

6. 「得」，甲本作（1.1.12-6），丙本作（1.3.13-8），此形傳承自甲骨文（12.32）、金文（陳章壺）；樓觀碑作，此形見於《古文四聲韻》（古孝經）。

7. 「眾」，甲本作（1.1.12-13），丙本作（1.3.13-15）；樓觀碑作，與《汗簡》相同。

8.「而」，甲本作 𣱷（1.1.12-28），丙本作 𣱷（1.3.14-4）；樓觀碑作 𥄂，此形見於《古文四聲韻》 𥄂（古孝經）。

五、「教」與「學」的差異

表 3-2-18 「教」字形體表

甲骨文	金文	睡虎地秦簡	古璽	馬王堆帛書	張家山前漢簡
（前5.8.1） （前5.20.2） （1597） （2651） （粹1.319）	（王何戈） （鄘侯簋）	（28.3）		（老甲14） （老乙） （孫83） （縱30）	秦讞書作
居延漢簡	銀雀山漢簡	敦煌樓蘭漢簡	亳縣鳳凰台一號漢墓剛卯	漢印	漢金文萬年縣官斗
校官碑	范式碑	三體石經	孔宙碑	孔龢碑	史晨碑

甲本「教」作「𡥉（1.1.12）」，丙本「學」作「𡥉（1.3.13）」。《郭店楚墓竹簡》注釋〔三一〕：「𡥉，《古文四聲韻》引《古老子》釋作「學」。《汗簡》、《古文四聲韻》引郭照卿《字指》「教」字與簡文同。《說文》古文「教」有𢼊、𣁐。《汗簡》有𢽳，均從「𡥉」或從「𡥉」省。據此可知簡文當釋作「教」，簡文「行不言之教」之「教」字亦作此形。簡文另有「學」字作𡥉。「教」、「學」兩字音形俱近，故易混用。此句今本及帛書本皆作「學不學」〔註7〕。

𢼊，《說文解字·卷三下》：「謂上所施，下所效也。从攴，从𡥉。」《說文》古文「教」作𣁐，與甲骨文𣁐，散盤𣁐，馬王堆帛書《療方》𣁐（69）篆形相同。《說文》古文𢼊𦥑亦是古教字。

〔註7〕荊門市博物館：《郭店楚墓竹簡》，115頁，1998年5月，北京，文物出版社。

「孝」，《說文解字‧卷十四下》：「效也。从子爻。聲古肴切。」《段氏說文解字注》：

「孝放也。放各本譌作效，今依宋刻及集韻正放仿古通用。許曰：
『放逐也』。仿相似也。孝訓放者，謂隨之依之也。今人則專用仿
矣。教字學字皆以孝會意。教者，與人以可放也。學者，放而像之
也。放分兩切。〔註8〕」

段氏認爲孝是古仿字，今作放，仿、放古可通假，作效者譌也。教者可以給
人仿；學者仿肖相像。「孝」，馬敍倫《說文解字六書疏證‧卷二十八》云：

「嚴可均曰：小徐韻會三肴引作效也。朱駿聲曰：此疑即學之古文。
徐灝曰：疑孝爲學之省。倫按朱說是也。王筠據鍇本作效也。玉篇
亦作效也。效也以聲訓。傳寫譌爲放耳。〔註9〕」

徐灝所言孝是「學」的省形；馬敍倫則認同朱駿聲的看法，認爲是「學」的
古文。作「放」解者系傳抄譌誤，與段玉裁說法相反。何琳儀云：

「教，甲骨文作𣁦（前5.20.2）。从攴，从子，會以杖教子之意。爻
聲。金文作𢻻（郾侯簋）。戰國文字承襲金文。《說文》……。孝之
來源待考。〔註10〕」

何琳儀認爲：甲骨文之𣁦从攴，从子，爲會意字，表示以杖教子。戰國文字
傳承來自金文，孝形的來源有待考證。對《說文》古文𣀈則說：「效，西周
金文作𣀈（散盤），从攴，爻聲。教之省文。〔註11〕」

孝形，教（郭‧緇‧27）、孝（郭‧六‧2）、孝（郭‧六‧21）、孝（郭‧
六‧41）、孝（郭‧尊‧20）、孝（上一‧孔‧23）、孝（上一‧紂‧14）、孝
（上一‧性‧4）、孝（上一‧性‧12）、孝（上一‧性‧31）、孝（上二‧

〔註8〕《段氏說文解字注》，772頁，民國74年8月，台北，文化圖書公司。

〔註9〕收錄於《古文字詁林》第十冊，1093頁，2004年10月，大陸上海，上海教
育出版社。

〔註10〕何琳儀：《戰國古文字典》上冊，285頁，2007年5月重印第3版，大陸北京，
中華書局。

〔註11〕何琳儀：《戰國古文字典》上冊，285頁，2007年5月重印第3版，大陸北京，
中華書局。

容・3）、📷（上二・容・9）、📷（上二・容・48）、📷（上二・民・8）均
作「教」。

表 3-2-19 「學」字形體表

甲骨文		金文		
📷（前 1.44.5） 📷（前 5.21） 📷（後上 8.4） 📷（燕 717） 📷（鐵 157.4）		📷（沈子它簋） 📷（中山王📷鼎） 📷（令鼎） 📷（孟鼎） 📷（者📷鐘） 📷（師釐簋） 📷（靜簋）		
睡虎地秦簡	馬王堆帛書	古璽	漢印	武威漢簡・服傳
📷（日書乙 14）	老子甲 📷（59） 📷 老子乙 📷（184） 📷（202） 孫子 📷（192）	📷	📷	📷（20）
		磚文	孔龢碑	曹全碑
		📷	📷	📷

許慎《說文解字・卷三下》：「📷覺悟也。从教，从冂门。尚矇也。📷聲，
胡覺切。📷篆文📷省。」從形體看《說文》📷字形源自金文。何琳儀云：「📷，
從教（或從字旁省攴旁），臼聲。或說，教與斅（學）一字孳乳，由宵部轉幽
部〔註 12〕。」

「教」於郭店楚簡，《成之聞之》作📷（4），《性自命出》作📷（9）、📷
（21）、📷（28）、📷（51）、《尊德義》作📷、📷（4）、📷（4）、📷（12）、
📷（14）、📷（18），《緇衣》作📷（18）、📷（23）、📷（24）、《語叢一》
📷（11）。《成之聞之》、《性自命出》、《尊德義》、《緇衣》、《語叢一》「教」均
從攴，從言作📷形。上博楚簡亦作從攴從言📷｛（二）・從（甲）・15｝。

商承祚於《說文中之古文考》裡云：「📷、📷第一文从言，孝聲。教，
誨也，故从言，與誨同義。《汗簡》📷教，見說文。下出📷云。一本如此作，

〔註 12〕何琳儀：《戰國古文字典》上冊，174 頁，2007 年 5 月重印第 3 版，大陸北京，
　　　中華書局。

則□爲後人所增入也〔註13〕」；省察《成之聞之》、《性自命出》、《尊德義》、《緇衣》、《語叢一》之「教」□形應是此□形之省，非後人所增。

《唐虞之道》作□（4）、□、□、□（6）、□（12）、□（21）、□（43 從□從攴），《語叢三》作□（12），《唐虞之道》□（5）等均作從爻，從攵或作從孝，從攵形。信陽楚簡□（1.3）與包山楚簡□（99）亦作此形，《說文》□與此形相同。信陽楚簡作□（1.32），上博楚簡作□{（二）・從・3}。

「教」，《唐虞之道》作□（5）形從父，從子，從攵，或爲□形之省變，三體石經古文□與此形相同。

《說文》古文「教」□字形與《唐虞之道》、散盤、馬王堆帛書《療方》篆形相同。

「教」於郭店楚簡有作從爻從言作□形、從爻從言從攴□形、從爻從攴□形、從爻從子□形、從□從攴□形，《老子・甲》：「教不教」、「行不言之教」作□（12、17）形，應是□的省形。

「學」，郭店楚簡《老子・乙》□（3）、□（4），《老子・丙》□（13），《性自命出》□（8）、□（36），《尊德義》□（4）、□、□（5）、□（19）。上博楚簡□{（二）・從（甲）・11}等均作□形。

「學」，《古文四聲韻》引《古老子》將□釋作「學」。而自甲骨文至漢隸，除古鉥和秦漢印及磚文有作□、□、□形外，其餘則未見。

「教」與「學」是一字孳乳，「兩字音形俱近」或爲混用。但是，郭店楚簡「學」均作□或□形，從□從子之形，足見明確是二字，用法有別。甲本作「教不教」，丙本作「學不學」，是版本之異；「□」是「教」的異體字〔註14〕。樓觀碑「學不學」作□形，與甲本字形相同，《古文四聲韻》收錄之□（5.7 老子）釋作「學」。

<hr>

〔註13〕收錄於《古文字詁林》第三冊，715 頁，2004 年 10 月，大陸上海，上海教育出版社。

〔註14〕轟中慶：《郭店楚簡老子研究》，86 頁，2004 年 2 月，北京，中華書局。

「教」與「學」二字於竹簡《老子》楚文字裡用法有別且分明，而其字形尚不穩定，一字多形，省（訛）變程度不一，但仍保留不同等次的古文形體。

六、造形獨異的「弗」字

竹簡《老子》甲、丙本同文段落各一例「弗」字，甲本作 （1.1.12）形，此「弗」字造形寫法獨異，於歷代文字中找不到相對應的形體。此「弗（）」字形體似已訛變，其「弓」形，左豎畫反向書寫置於「弓」形之外，右豎畫於「弓」形第一轉折處斜出，將篆書草寫流暢而自然，或可謂「篆草（篆書草寫）之濫觴」，應是傳抄出現訛變。與之形體較相近的「弗」字有《性自命出》的 （11.47）形與《成之聞之》的 （9.24）形，「弓」形末筆拉長，加圓點飾筆爲楚系文字所常見，如「不」字等， 形應是由 形的傳抄速寫所訛變之形；丙本作 （1.1.14）形，此形傳承自商周文字，爲一般熟悉的篆形。

七、飾（贅）筆狀況

竹簡《老子》甲本與丙本同文中「不」字飾筆情形各有三例。甲本作「」（1.1.12），前二字於字上作一短橫畫，後一字於豎畫中作一圓點；丙本作「」（1.3.13），三例均於豎畫加一點圓點或短橫畫，字上則未作短橫畫。飾（贅）筆運用於字上或豎畫中對文字造形具有穩定平衡及獨特視覺藝術效果。「不」字正常不作飾筆的字形如 （1.3.5-14）。

「弗」字甲本一例作 （1.1.12），於「弓」字形回勾加一短捺，在《性自命出》（11.47）亦可見。楚系文字普遍存有飾（贅）筆運用情況，如「上」「下」「其」「弗」…等字，《郭店楚墓竹簡》是楚系文字中的奇葩，飾筆自是精彩。其飾筆有圓形、三角形、橢圓形、短橫畫、長橫畫、短捺等等，此種裝飾性筆畫對文字造形有潤飾增強美感作用，並有增加文字重量感或補不足之穩定效果。然而，增加這種裝飾性筆畫並非於某些特定字所專有，亦常有不加的情況，運用與否，書手的個人情性自覺及書寫習慣或傳抄版本是其重要因素。

八、書法賞析

　　甲本書手習慣用仰筆（筆尖朝前），且用筆犀利，多以側鋒入筆先按再走，重入輕出，起筆狀如楷書，線條頭重尾輕，提按分明，幾處帶筆如「所」「勿」回勾若行書，字形舒朗偏長呈縱勢，筆力遒勁，行筆簡捷，瀟灑輕盈而流暢。在不到一公分寬竹簡內，布字排列除單字作粗細變化外，通簡仍可看到書手有自覺的作輕重、粗細、大小的變化，是位訓練有素用筆精鍊的書寫能手；丙本書手偏好中鋒尖鋒入筆（筆尖垂直），落筆即走，使得線條多呈尖入尖出而中間較粗，筆力凝鍊穩重，結字偏扁而緊密，書寫技巧亦甚精湛，亦是位書法高手。以單簡為例，甲簡長 32.3 公分，第 12 簡 29 字，丙簡長 20.6 公分，第 12 簡 23 字，布字密度丙簡較甲簡高，但字距丙簡反較甲簡寬鬆，因此，單字更顯緊密，兩者用筆、結體布字風格截然不同，明顯出自不同書手。

甲本同文局部	丙本同文局部
圖 3-2-1	圖 3-2-2

位於陝西省周至縣終南山北麓的篆書樓觀道德經碑，刻於西元 1291 年 12 月 7 日，元世祖至元 28 年 10 月 16 日。

其字形多保留戰國古文的特色，多數均可與六國古文對照，尤其楚系文字。此碑書法字形工整秀麗，間距空間均等、左右均齊對稱、字體大小長短一致，規整化的字形處理近似小篆，固然有其整齊劃一的整體美感，然已失去筆寫戰國古文自然古樸樣貌，獨存筆畫有粗累之筆寫特性。

樓觀碑與甲、丙本同文段落局部

圖 3-2-3

第三節 郭店竹簡《老子》通假字探討

竹簡《老子》的文字屬於戰國古文，其間存在許多包含通假字、古今字、異體字、省變或訛變字、同字同義異構等。以通假字而言，簡帛古書中最常見的是同一諧聲偏旁之間的通假，因其聲音關係較近；除此之外，也有不同諧聲偏旁之間的通假，這表示兩者之間，在語言上也有著密切的關係。而「弗」字的造形獨異更是其他四系所未見，因此本節將略予探討簡述。

一、通假字的探析

（一）「無」作「亡」

甲本作 ⦿（1.1.11）、乙本作 ⦿（1.2.3），均以「亡」通假作「無」，丙

本則作「無」（1.3.11）。

　　許慎《說文解字・卷十二下》：「亡，逃也。从入从乚。」段氏《說文解字注》：

> 「，逃也。二篆爲轉注。亡之本義爲逃。今人但謂亡爲死，非也。
> 引申之，則謂失爲亡，亦謂死爲亡。孝子不忍其親，但疑親之出亡
> 耳。故喪篆从哭，从亡。亦叚爲有無之無，雙聲相借也。从入乚。
> 會意謂入於迻曲隱蔽之處也。〔註15〕」

段氏注解說「亡」本義不是死，但作爲引申失去時則可以表示死之意，亦可
以聲借爲「無」。从入乚也，可會意進入到迻曲隱蔽的地方。郭沫若《金文餘
釋・金文叢考》云：

> 「說文：『亡，逃也，从入，从乚。』考卜辭多亡字，無一類从入
> 者，⋯此當是原義已失之象形文，無旁从可言，用爲逃亡、死亡及
> 有無字者，均當是叚借之義。〔註16〕」

郭沫若考查卜辭諸多「亡」字未見似从「入」形，當是象形。「亡」用爲
「逃」、「死」、「無」之意時均是假借字。何琳儀謂：

> 「亡，甲骨文作（佚29）、（甲2695）。从刀。刀刃施短豎表
> 示刀刃鋒鋩。指事。鋩之初文。《集韻》「鋩，刀端。」亡與刃造字
> 方法相同，唯指事符號在刀刃之位置有別而已。西周金文作（天
> 亡簋），指事符號演變爲弧筆。春秋金文作（祀伯簋）。戰國文字
> 承襲兩周金文。⋯⋯楚系文字作，與止形易混；或作，則
> 省一筆。⋯⋯無鹽戈「—」，讀「無鹽」。（亡、無相通，典籍習
> 見。無、亡陰陽對轉。）〔註17〕」

　　何琳儀認爲甲骨文（佚29）、（甲2695）形是「鋩」的初文，从刀，
亡與刃造字原理相同，其短豎爲指事鋒鋩之義，西周金文指事之短豎演化爲
彎筆作，戰國文字傳承自西、東周，楚系文字所作之與「止」形近容
易產生混淆，亦有簡化作形。亡、無互相通假，經常於典籍上可見。

〔註15〕《段氏說文解字注》，659頁，民國74年8月，台北，文化圖書公司。

〔註16〕收錄於《古文字詁林》第九冊，1006頁，2004年10月，大陸上海，上海教
　　　　育出版社。

〔註17〕何琳儀：《戰國古文字典》上冊，726頁，2007年5月重印第3版，大陸北京，
　　　　中華書局。

表 3-3-1　「亡」字形體表

甲骨文		金文		古陶文	陶文	古幣文
（甲 3079）（佚 29）	（掇 2.346 反）（甲 2695）	（旂鼎）（毛公□鼎）（無縱熊節）	（無鹽戈）（中山王器）	（2.3）（2.4）（2.5）	（5.412）	（2460）

楚文字	睡虎地秦簡	秦簡	古璽	璽印	秦漢印	兆域圖	古文四聲韻
（帛甲 1）（3-34）（包 171）（望 2.1）	（157）（日甲 42 二例）		（4791）（2163）（2674）	（0360）（4766）（4781）	漢印		（竝王存乂切韻）

許慎《說文解字‧卷十二下》：「無，亡也。从亡。無聲。武扶切。　奇字无。通於元者。王育說。天屈西北爲无。」《段氏說文解字注》：

> 「　，亡也。凡所失者、所未有者皆如逃亡。然也，此有無字之正體。而俗作無　。無，乃　之隸變。　之訓豐也。與無義正相反。然則隸變之時，昧於亡爲其義，　爲其聲，有聲無義，殊爲乖繆。
>
> 〔註 18〕」

段氏認爲　方是「無」的正體字，並指「無」是　的隸變，然察以上諸「無」除校官碑和傳抄古文汗簡、古文四聲韻外餘均不从「亡」。柯昌濟《殷墟書契補釋》云：

> 「古無字或从　，是字亦見卜詞作　　等形，當即古舞字。象人以手舞形。〔註 19〕」

李孝定《金文詁林讀後記卷十二》則謂：

> 「　蓋漢世爲有無之「無」所製專字，商世假「亡」爲有無字，周金則假舞之本字「無」爲有無字，　則合二假借而爲　有無之本字。
>
> 〔註 20〕」

〔註 18〕《段氏說文解字注》，659 頁，民國 74 年 8 月，台北，文化圖書公司。

〔註 19〕收錄於《古文字詁林》第九冊，1011 頁，2004 年 10 月，大陸上海，上海教育出版社。

〔註 20〕收錄於《古文字詁林》第九冊，1011 頁，2004 年 10 月，大陸上海，上海教育出版社。

馬敘倫《說文解字六疏證‧卷二十四》說：

　　「說文疑曰，此爲有亡之亡。但經典多以亡字通用，易經止用字。可知□字之作必屬後起。王筠曰：『汪本繫傳作舞聲。繫傳曰：舞音武。又若恐人誤認而鄭重分明者。』然則鍇所據本作□也。俞樾曰：『撫從□聲，而古文作□，則亡聲也。』□、亡同聲，不合六書之恉。蓋有亡字止作亡，經典多以□爲亡。古之經師遇□字或注亡字於下。而傳寫誤合之耳。……然从亡□聲爲亡之轉注字，則於六書未爲不合。〔註21〕」

按柯昌濟謂：古「無」字或从□，類似人手舞足蹈之形，應是古「舞」字；而李孝定則說：「□」是漢代專製的「無」字，商代都以「亡」假借爲「無」，周朝的金文則將「舞」的本字假借爲「無」，專創「□」即結合二假借爲「無」的本字；馬敘倫則以爲「□」是後起字，與李孝定所述相吻，但非漢代專創，古代經典大都以「□」作「亡」，或許是古代經籍老師於「□」字下加注「亡」而傳抄誤寫而結合成「□」。以上各說皆有所本，以「無」字形體表觀察，从亡之「□」形爲後起字無疑，且可能爲「傳抄筆誤」所衍生。何琳儀云：

　　「甲骨文無作□（粹1312），象人執舞具而舞蹈之形。舞之初文。《說文》「舞，樂也。用足相背。从舛，無聲。（文撫切）□，古文舞。从羽、亡。」（五下十五）西周金文作□（般□），舞具上加叩，其義不明。或作□（盂鼎），聲化爲从□（《說文》某古文作□）。無、某均屬明紐。無爲某之準聲首。或作□（頌簋）。叩連爲□形。春秋金文作□（秦公簋）。戰國文字或下□繁化，或省作□、□、□、□、□。《說文》□，豐也。林、□。或說規模字。从大。□，數之積也。林者木之多也，□與庶同意。《商書》曰，庶草繁—。（文車甫切）」（六上二十四）〔註22〕」

〔註21〕收錄於《古文字詁林》第九冊，1011-1012頁，2004年10月，大陸上海，上海教育出版社。
〔註22〕何琳儀：《戰國古文字典》上冊，612頁，2007年5月重印第3版，大陸北京，中華書局。

「是舞的初文」何琳儀與柯昌濟所持觀點相同，西同金文舞上加形代表何義不得而知，傳抄到後來連結成爲形，戰國文字亦有繁化於字下加形如望山楚簡，亦有簡化作、、、、形等，「亡」、「無」、「舞」本意原即不同，然處於東周諸國各自爲政時期的文字尚未統一，用法並無一定規範，其法則是只要同音或音近即可通假，顏世鉉在〈郭店竹書校勘與考釋問題舉偶〉裡引用胡奇光《中國小學史》說：

> 「『以音求義，不限形體』，這是清人訓解古書的重要方法。王力《中國語言學史》則推崇段玉裁、王念孫父子在這方面的貢獻云：文字本來只是語言的代用品。文字如果脫離了有聲語言的關係，那就失去了文字的性質。……文字既是代表有聲語言的，同音的字就有同義的可能；不但同聲符、不同意符的字可以同義；甚至意符、聲符都不同，只要音同或音近，也還可能是同義的。這樣，古代經史子集中許多難懂的字都講清楚了。這是訓詁學上的革命，段、王等人把訓詁學推進到嶄新的一個歷史階段，他們的貢獻是很大的。〔註23〕」

以現代對文字理解的角度看，古文典籍裡常常出現錯別字，但於熟知古人用字原理只需「音同」或「音近」即可能是「同義」後，即可想見古時文字互爲假借混用的情形是極爲普遍自然的現象。

《老子》甲本第 31 至 32 簡出現一例上下文意義相通而使用不同的字的情況：「我無（31-23）事而民自富，我亡（32-2）爲而民自化。」顏世鉉認爲是免於文句裡重複出現相同字的「變換虛字」，這種變文的方式常見於書法創作，例如「年、秊」。〔註24〕但是，遠在戰國中後期的《郭店老子》尚只是傳寫的抄本，無、亡讀音相同互爲通假，書者或僅是無意識的抄錄典籍或是所抄版本即是這樣，與後來書家書法創作有意識寫成同義不同字的情形似不可等同相論。

〔註23〕 顏世鉉：〈郭店竹書校勘與考釋問題舉偶〉，《中央研究院歷史語言研究所集刊》
第七十四本，第四分，651 頁，2003 年 12 月。

〔註24〕 顏世鉉：〈郭店竹書校勘與考釋問題舉偶〉，《中央研究院歷史語言研究所集刊》
第七十四本，第四分，644 頁，2003 年 12 月。

表 3-3-2　「無」字形體表

金文			侯馬盟書	封泥	曾樂鐘	楚文字	
（盂鼎）	（匜 23）		（105:2）		（287.4）	（帛書 祭甲 12-23）	
（魚顚匕）	（林　都）陵君鑑		（334）			（望 1.22）	
（曾侯乙鐘）	（曾姬無卹壺 37）					（天 4002）	
						（包 16、138）	

睡虎地秦簡	馬王堆帛書	漢印	磚文	石刻篆文	汗簡	古文四聲韻
（日甲七六背），通舞（日乙四〇）（爲 43）（爲 42）段注奇字無	隋縣簡（42）	（無當司馬）（司馬則無）	校官碑	（詛楚文）（開母廟石闕）	（見貝丘長碑）	（古孝經）（貝丘長碑）（垃見王存乂切韻）（垃道德經）

（二）「矣」作「壴（丙本壴 1・3・12）」

「矣」，許慎《說文解字・卷五下》：「景，語已詞也。从矢吕聲」。段氏《說文解字注》：

> 「景，語已詞也。已矣疊韻。已，止也。其意止其言，曰矣，是爲意內言外。論語或單言矣或言已矣。如《學而子張篇》皆云『可謂好學也已矣』」。〔註 25〕

「矣」字爲語句結束語。「壴」，《郭店楚墓竹簡》注釋〔二一〕：喜，簡文字形與金文「喜」字形近。讀作「矣」。裘按：簡文似以「壴」爲「喜」〔註 26〕。

〔註 25〕《段氏說文解字注》，237 頁，民國 74 年 8 月，台北，文化圖書公司。
〔註 26〕荊門市博物館：《郭店楚墓竹簡》，122 頁，1998 年 5 月，北京，文物出版社。

表 3-3-3 「壴」字形體表

甲骨文	金文	古陶文	曾侯乙墓	楚簡	古璽	璽印	汗簡	古文四聲韻
（甲 528） （甲 2468） （2578） （燕 409） （乙 7291 反）	（女壴方彝） （王孫鐘） 曾樂鐘 （300.4）	（6·110） 陶戈	（580.8）	（包 2） （信陽 2.018）	（5274）	（0368）	（壴竹句切）	（汗簡）

「壴」（表 3-3-3）與「喜」（表 3-3-4）的差異：

許慎《說文解字·卷五上》：「壴，陳樂。立而上見也。从中从豆。凡壴之屬皆从喜。中句切」。段氏《說文解字注》：

> 「壴，陳樂。立而上見也。謂凡樂器有虡者，豎之其顚，上出可望見。如詩禮所謂崇牙金部，所謂鎛鱗也。厂部曰屵。岸上見也。亦謂遠可望見。从中从豆。豆者，豎也。豎堅立也。豆有骹而直立，故恒豎从豆。壴，亦从豆。中者，上見之狀也。草木初生則見其顚，故从中。中句切，四部。〔註 27〕」

壴是鼓的本字，▭ 是盛鼓之器，喜是置鼓於 ▭ 中，因是古樂器，故訓樂也。〔註 28〕郭沫若《卜辭通纂》云：

> 「壴字羅釋爲恒，謂即『後世僕豎之豎字。』案乃鼓之初文也，象形。泉屋清賞有古銅鼓一具，上有飾而下有腳，與此字酷肖。又此片與上片之内容文例均相同，而一作鼓，一作壴，尤鼓壴一之明證。〔註 29〕」

唐蘭《殷虛文字記》中也說：

> 「……。徐鍇繫傳曰：『樹鼓之象，中，其上羽葆也，象形』。戴侗六書故曰：豈，樂器類，艸木邊豆，非所取象。其中蓋象鼓，上象設業崇牙之形，下象建鼓之虡。伯曰：『疑此即鼓字，鼓，擊鼓也，故从攴』。徐灝說文段注箋云：『楚金仲達說是也。鼓、𩏑、彭，皆

〔註 27〕《段氏說文解字注》，214 頁，民國 74 年 8 月，台北，文化圖書公司。
〔註 28〕王延林：《常用古文字字典》，283 頁，1987 年 4 月，上海，上海書畫出版社。
〔註 29〕收錄於《古文字詁林》第五冊，79 頁，2004 年 10 月，大陸上海，上海教育出版社。

从壴，是其明證。壴上從屮與㞢同意。中口象鼓，下象虡，與樂同意。至戴伯以爲壴即鼓字，雖無明據，然其說自通。蓋樂器之興，必先有鼓，然後建之虡而立崇牙焉。若先有壴立字，乃加攴以爲鼓，非其序矣』……。〔註30〕」

郭沫若與唐蘭均認爲「壴」是「鼓」，口形上之屮是裝飾物，口下有虡腳之形。何琳儀亦云：「壴，甲骨文作㞢（甲2770），象豎立之鼓形，鼓之初文。〔註31〕」

表 3-3-4　「喜」字形體表

甲骨文	金文	古陶文	先秦貨幣文	古幣文	楚簡	睡虎地秦簡	古璽	漢印	古文四聲韻
（178）	（伯喜簋）	（4·166）	（68）	（布空大）	（包170）	（語11）二十一例	（1372）	（張喜）	（義雲章）
（930）		陶彙	侯馬盟書	曾樂律鐘			（2102）		
（粹212）		（5.119）	（1.100）（200.50）三例	（300.4）		（日甲98背）			

許慎《說文解字・卷五上》：「喜，樂也。從壴從口。凡喜之屬皆從喜。虛里切」。以上「喜」字形體表喜字均從口，而丙本壴不從口，字形與壴較相近。何琳儀云：

「壴，甲骨文作㞢（178）。從壴（鼓之初文），口爲分化符號。壴（鼓），見紐；壴，曉紐。曉、見爲喉、牙通轉。曾侯乙樂律鐘『某鐘之壴』或作『某鐘之壴』，均讀『某鐘之鼓』，是其確證。壴爲鼓（壴）之準聲首。金文作喜（天王簋）。戰國文字承襲金文。燕系文字由齊系文字演變，即喜、喜、喜、喜。〔註32〕」

〔註30〕　收錄於《古文字詁林》第五冊，79頁，2004年10月，大陸上海，上海教育出版社。

〔註31〕　何琳儀：《戰國古文字典》上冊，478頁，2007年5月重印第3版，大陸北京，中華書局。

〔註32〕　何琳儀：《戰國古文字典》上冊，3頁，2007年5月重印第3版，大陸北京，中華書局。

何琳儀指出曾侯乙樂律鐘 ![圖] （300.4）讀作鼓，喜爲鼓（壴）之準聲首。唐蘭亦云：

> 「……。以象意字聲化例推之，喜當從口壴聲。壴喜二字，後世讀音迥異，然卜辭 ![圖] 或作嬉，![圖]、![圖]、![圖]等字，後世作![圖]、僖及![圖]，金文鼓字，沈兒鐘作鼓，說文古籀文作鼓，當本作鼓，後人誤改從古聲。皆可證古音壴喜相近也。〔註33〕」

何琳儀說：「喜爲鼓（壴）之準聲首」，唐蘭也指出：「古音壴喜相近」。「喜」包山楚簡作 ![圖] （170），郭店楚簡《唐虞之道》歖作 ![圖] （7.3），古文四聲韻喜作 ![圖] （義雲章），皆从壴从口，由字形觀之，《郭店楚墓竹簡·老子》丙本「![圖]」當是鼓之初文的「壴」字；「壴」、「喜」古讀音相近，故「壴」、「矣」讀音自然相近，因此，「![圖]」通假爲「矣」。

（三）「慎」作「誓」

甲本作 ![圖] （1·1·11），丙本作 ![圖] ![圖] （1·3·12）。《郭店楚墓竹簡》注釋〔三〇〕：誓，簡文與金文「誓」字或作 ![圖] （散盤）、![圖] （鬲比簋）相近。「誓」借作「慎」。裘按：所謂「誓」字當與注六四所說的「![圖]」爲一字，是否可以釋爲「誓」待考。「![圖]」之聲旁可隸定爲「㪿」。下文從此聲旁之字同。注六四：![圖]，簡文多用作「慎」，此處借作「塵」，「慎」「塵」音近〔註34〕。

許慎《說文解字·卷三上》：「![圖]，約束也。從言。折聲。時制切」。

表3-3-5 「誓![圖]」字形體表

金文	汗簡	古文四聲韻
![圖]（洹子孟姜壺） ![圖]（鬲比簋） ![圖]、![圖]（散盤）	![圖] ![圖]（尙書）	![圖]（古尙書） ![圖]![圖]![圖]![圖]（崔籀韻）

〔註33〕收錄於《古文字詁林》第五冊，76頁，2004年10月，大陸上海，上海教育出版社。

〔註34〕荊門市博物館：《郭店楚墓竹簡》，115、116頁，1998年5月，北京，文物出版社。

表 3-3-6 「慎」字形體演進圖表

金文	睡虎地秦簡	漢印	石刻篆文	汗簡	古文四聲韻	
（邾公華鐘）	（爲35）（秦196）	（尹慎私印）	（慎鄉殘文）		（古老子裕纂古）	（崔希（古尚書）

許慎《說文解字・卷十下》：「，謹也。从心，眞聲。時刃切」。劉樂賢〈釋《說文》古文慎字〉《《考古與文物》一九九三年第四期）云：

「…總之，根據金文及秦漢文字材料，我們可以肯定說文古文慎字一個从日聲的形聲字。它之所以讀爲慎，以它爲聲符的字之所是以讀爲鎮，是因爲它與慎、鎮在古代讀音相近〔註35〕。」

《說文解字》古文爲「慎」，係从日聲的形聲字。「慎」字郭店楚簡作此形一例《語叢一（1.46）》，《古文四聲韻》之《古老子》作形與此形相同，作形六例，《老子甲（1.11）》、《緇衣（15、30、32、33）》、《語叢四（4）》，作形一例《五行（16）》，作形一例《五行（17）》，作九例《老子甲（27）》、《老子丙（12）》、《成之聞之（3、19、38、40）》、《性自命出（27、49、49）》。

郭店楚簡僅一例作形，其餘有十七例分別作十、言、斤之，幺、言、斤、心之，言、斤、心之，幺、言、斤之等四種形態，形體尚不穩定。此形與包山楚簡（緒826）、（150）相同，何琳儀云：「，从糸，訢聲。包山簡，人名。〔註36〕」古文讀音相同或相近可爲互借，而「緒」（訢聲）與「誓」、「慎」讀音相近，因此，竹簡《老子》借「誓」爲「慎」自不足爲奇。从心眞聲之見於秦簡，楚系文字則未見。

（四）「如」作「女」

甲本作（1・1・11）、乙本作（1・2・11）。

〔註35〕收錄於《古文字詁林》第八冊，956頁，2004年10月，大陸上海，上海教育出版社。

〔註36〕何琳儀：《戰國古文字典》下冊，1317頁，2007年5月重印第3版，大陸北京，中華書局。

表 3-3-7 「女 」字形體表

甲骨文	金文	古陶文	先秦貨幣文	侯馬盟書	楚文字	古璽	漢印	石刻篆文	汗簡
（鐵164.1）（乙298）	（盂文）（蔡大師鼎）	（1.76）（易里女鼎）	（2）（23）	（3：21）九例	（帛乙1-21）（包123）（包190）	（3171）	（女不侵印）	（袁安碑）	（女）

　　許慎《說文解字·卷十二下》：「，婦人也。象形。王育說，凡女之屬皆从女。尼呂切。」李零《長沙子彈庫戰國楚帛書研究》云：

　　　　「女，即《爾雅·釋天》十二月名之如，春二月。此，舊不識，嚴一萍始疑爲此字，今按此字與楚簡及漢代簡帛書籍中「此」字寫法相似，釋爲此是對的。女此武，似可借字連讀爲如此武，謂此月可舉武事〔註37〕。」

李零認爲長沙楚帛書 是《爾雅·釋天》二月之名「如」字。「女」又可讀爲「汝」、「毋」、「奴」、「媧」等，見何琳儀《戰國古文字典》〔註38〕。

表 3-3-8 「如 」字形體表

甲骨文	金文	古陶文	睡虎地秦簡	古璽	漢印	石刻篆文	汗簡	古文四聲韻
（鐵13.1）（佚504）	（兇尊）不从口	（5.136）（3.135）	（效52）六十二例	（2041）（1859）不从口	（笞莫如印）	（石碣鑾車）	（如竝出王庶子碑）	（古孝經）（王庶子碑）

〔註37〕收錄於《古文字詁林》第九冊，736 頁，2004 年 10 月，大陸上海，上海教育出版社。

〔註38〕何琳儀：《戰國古文字典》上冊，558 頁，2007 年 5 月重印第 3 版，大陸北京，中華書局。

許慎《說文解字·卷十二下》：「，从隨也。从女，从口。徐鍇曰：女子从父之教，从夫之命，故从口會意。人諸切」。「如」，甲骨文、古陶文和睡虎地秦簡均从口，亦有不从口如金文與古璽文。傳抄古文汗簡及古文四聲韻形體已失原貌。竹簡《老子》形承襲自金文，假借為「如」。

（五）「欲」作「谷（1·1·11）」

此處出現異字同義的狀況。所謂「異字同義」是指不同的字在釋讀時將其作同一字解釋而言；這些「異字」代表著不同的詞義，但是仍舊將它釋讀為同一字。例如：《老子》甲本第五簡（欲與谷）：「罪莫厚乎甚欲（5-19），咎莫僉乎谷（欲5-24）得。」「甚欲」，《韓詩外傳》卷九引作「多欲」；「欲」乃指「慾望」。「欲得」之「欲」，指「貪欲」，應是動詞。〔註39〕

《說文解字·卷十一下》：「，泉出通川為谷。从水半見出於口，凡谷之屬皆从谷。古祿切。」

表3-3-9　「谷」字形體表

甲骨文	金文	古陶文	睡虎地秦簡	古璽	漢印	石刻篆文	汗簡	古文四聲韻
（前2.5.4）（後2.3.3）	（啓卣）（格伯簋）	（3.773）	（日甲23背）（日乙189）	（3316）（3141）	（上谷太守章）	（石經堯典）		（竝古老子）

許慎《說文解字·卷十一下》：「，泉出通川為谷。从水半見出於口，凡谷之屬皆从谷。古祿切。」林義光《文源·卷一》云：「谷」，古讀音為「遇韻音欲」〔註40〕。「谷」《說文》「从水半見」李孝定認為是錯誤的，「谷」為

〔註39〕顏世鉉：〈郭店竹書校勘與考釋問題舉隅〉，《中央研究院歷史語言研究所集刊》第七十四本，第四分，639頁，民國92年12月。

〔註40〕林義光：《文源·卷一》云：谷。遇韻音欲，古作（格伯敦）。∪象窪處。象川所通形。或作（伯俗父鼎俗字偏旁）。變从口。收錄於《古文字詁林》第九冊，302頁，2004年10月，大陸上海，上海教育出版社。

會意字，從⿰八口，是兩山分開處稱爲谷〔註41〕。「谷」或有作⿰八（格伯簋 1362），吳榮光說：「據此口當作 ∪，∪ 即張口也」，從 ∪ 或從口皆有會意爲谷口之意〔註42〕。何琳儀云：

「甲骨文作⿰ （前 4.12.5）。從⿰八（《說文》「⿰川，分也。從重八。八，別也。亦聲。《孝經》說曰，故上下有別。）從口，會山谷兩分如口之意。口亦聲。谷爲口之準聲首。金文作⿰谷（啓卣）。戰國文字承襲金文，口內或加短橫爲飾作曰形。信陽簡⿰谷 （1.018）其一能又棄也，疑讀欲〔註43〕。」

何琳儀對「谷」的解釋：從⿰八是會意爲山谷兩分如口。⿰八是《說文》的⿰川，谷是口的準聲首。信陽楚簡⿰谷 （1.018）其一能又棄也，懷疑讀爲「欲」。

許慎《說文解字·卷八下》：「⿰，貪欲也。從欠，谷聲。余蜀切」。從欠「欲」字見於睡虎地秦簡、古璽、漢印，甲骨文、金文未見；傳抄古文汗簡與古文四聲韻三例原貌已失。

「欲」與「谷」形體與詞義均不相同，但其遠古「欲」字形體傳承自金文「⿰谷」，按說文「欲」爲「谷聲」，古文「欲」、「谷」讀音相近，郭店楚簡《老子》以「谷」、「欲」互爲通假，仍處於混用狀態。

〔註41〕李孝定《甲骨文字集釋·第十一》云：谷，甲骨文⿰谷（前 2.54）、⿰ （前 4.12.5）、⿰ （後·3.3）、⿰谷（佚 113），……。按說文。「谷泉出通川爲谷。從水半見出於口」。契文從⿰八與金文及今隸同。許云從水半見。於形不類。疑字本從⿰八口。會意。兩山分處是爲谷矣。口則象谷口也。字在卜辭爲地名。收錄於《古文字詁林》第九冊，302 頁，2004 年 10 月，大陸上海，上海教育出版社。

〔註42〕吳榮光：《筠清館金文·卷三》：⿰八⿰谷谷（格伯簋 1362）「殷人絅雹谷杜木…」許翰說⿰八釋作谷。諸本口皆作 ∪。……說文泉出通川爲谷。從水半見出于口。據此銘口當作 ∪，∪ 張口也。收錄於《古文字詁林》第九冊，302 頁，2004 年 10 月，大陸上海，上海教育出版社。

〔註43〕何琳儀：《戰國古文字典》上冊，346 頁，2007 年 5 月重印第 3 版，大陸北京，中華書局。

表3-3-10　「欲」字形體表

睡虎地秦簡	古璽	漢印	石刻篆文	汗簡	古文四聲韻
（秦48）三例 （秦31）十二例 （法30）十一例 （秦30）三例 （日乙176）三例	（3098）	（趙不欲）	（詛楚文）		（古老子） （義雲章）

（六）、「迵」通作「同」

表3-3-11　「同」字形

甲骨文	金文	古陶文	先秦貨幣文	睡虎地秦簡	楚簡	漢印	石刻篆文
（甲3916）	（元年師兌簋）	（3·368）	（25）	（秦175，33例）	（帛書甲7-18）	（杜同）	（石碣避車）
（後2·10·2）					（包山127）		

　　《老子》甲本第27至第28簡：「閟（閉）其兌，塞其門，和其光，迵（同 27-21）其塵，挫其銳，解其紛，是謂玄同（ 28-4）」。「同其塵」的「同」為動詞，「玄同」的「同」為名詞。〔註44〕 侯馬盟書作 （67：54），古璽作 （0335），《說文解字·卷二下》：「迵，迵迭也。从辵，同聲。徒弄切。」馬敘倫於《說文解字字六書疏證卷四》說：

　　　　「段玉裁曰：『迵迭也者，迵為複雜舉字之未刪者。』鈕樹玉曰：『廣韻引作迭也，玉篇訓通達也。』倫按迵迭雙聲轉注字，迵達疊韻轉注字。通迵同舌尖前破裂音轉注字。」

〔註44〕顏世鉉：〈郭店竹書校勘與考釋問題舉隅〉，《中央研究院歷史語言研究所集刊》第七十四本，第四分，639頁，民國92年12月。

馬敘倫主張「通、迵、同」三字同屬舌尖前破裂音轉注字，音韻相近可互為假借。

「同」，《說文解字・卷七下》：「，合會也。从冃，从口。」由形體演變觀察「同」應从凡而非从冃，許慎小篆當是訛變。何儀琳曰：「…戰國文字承襲商周文字，秦漢文字相沿不改猶从凡，東漢文字始出現从冃之同，小篆沿其譌誤。…〔註45〕」。「同、迵」與「通」古讀音相近，相互假借甚是自然。

（七）「尃」、「榑」假作「輔」

「尃」，甲本（1・1・12）；「榑」，丙本（1・3・13）。

表 3-3-12　「尃」字形體表

甲骨文	金文	古陶文	先秦貨幣文	古幣文	楚簡	石刻篆文	古文四聲韻
（2341） （戩36.15） （京津2243）	（弔尃父盨） （克鼎）	（5.455）	（4） （78）	（布圓大《三孔》上尃展圖版貳3）	（包176）	（魏兩體石經禹貢尃土）	（王存乂切韻） （古尚書）

許慎《說文解字・卷三下》：「，布也。从寸，甫聲。芳無切」。阮元認為尃是鎛字的省形，下部改寸為攴即為搏擊之搏〔註46〕。徐同柏表示賦、傅是頒布之意，敷和賦字義相同〔註47〕。戴家祥說：尃為的古字，布施之意，古文亦聲假作賦〔註48〕。何琳儀則說道：

〔註45〕何琳儀：《戰國古文字典》上冊，420 頁，2007 年 5 月重印第 3 版，大陸北京，中華書局。

〔註46〕阮元：《楚公鎛鐘・積古齋鐘鼎彝器款識・卷三》云：字鎛之省。上體尋形當是甫之古文。下體易寸為攴。殆取搏擊之義。收錄於《古文字詁林》第三冊，596 頁，2004 年 10 月，大陸上海，上海教育出版社。

〔註47〕徐同柏：《周毛公鼎・從古堂款識學、卷十六》云：詩烝民。明命使賦。賦政于外。傅。賦。布也。敷與賦同義。收錄於《古文字詁林》第三冊，596 頁，2004 年 10 月，大陸上海，上海教育出版社。

〔註48〕戴家祥於《金文大字典・上》說：尃从寸甫聲，班馬字類云：尃，古敷字。古文从又从攴可通。……知敷是尃的形符累加字。金文「尃命尃政」，詩商頌

「專，秦漢文字尚且从 與先秦文字吻合。唯小篆 譌作甫形，遂以 从甫聲。舊歸 爲甫之準聲首，非是。據甲骨文 應獨立爲聲道，據晚周文字 應爲父之準聲首。，典籍或譌作尃〔註49〕。」

何琳儀於此指出：「專」小篆將「父」譌誤作「甫」，根據晚周金文「專」「應爲父之準聲首」，此說與竹簡《老子》甲本「專」作 形，字首爲「父」形與相契合。何琳儀《戰國文字通論》又云：

> 「『桳』，《汗簡》釋『輔』。其下殘文疑『道』。『輔道』見《漢書‧史丹傳》贊『丹之輔道副主，掩惡揚善美，傅會善意，雖宿達士無以加焉。』與簡文可以互證〔註50〕。」

「桳」形《說文解字》未見，何琳儀釋義爲「輔」字。从木，甫聲。《篇海》「…，木欑也。〔註51〕」

，亦可通作作敷、賦、傅，《說文》，「布也。从寸「甫聲」。」何琳儀認爲應爲「父」之準聲首；「桳」何琳儀解爲「輔」字。从木，「甫聲」。竹簡《老子》甲本「專（）」與丙本「桳（）」雖然使用字形不同，但均同爲「甫聲」及「父」聲，均通假爲「輔」字。

表 3-3-13　「桳」字形體表

古陶文					楚簡
(3.1)	(3.357)	(3.1194)	(3.1058)	(3.1199)	(包175) (郭2‧3)

作「敷政優優」，專即敷，義爲布施，說文三篇「專，布也」。又「敷施也」。古籍又聲假作賦詩大雅「賦政于外」與毛公鼎「專命于外」完全相同。收錄於《古文字詁林》第三冊，596-597 頁，2004 年 10 月，大陸上海，上海教育出版社。

〔註49〕何琳儀：《戰國古文字典》上冊，598 頁，2007 年 5 月重印第 3 版，大陸北京，中華書局。
〔註50〕收錄於《古文字詁林》第九冊，853 頁，2004 年 10 月，大陸上海，上海教育出版社。
〔註51〕何琳儀：《戰國古文字典》上冊，596 頁，2007 年 5 月重印第 3 版，大陸北京，中華書局。

（八）「物」作「勿」

甲本與丙本「物」均作「勿」（1・1・12、1・3・13）形，乙本未見。

表 3-3-14 「勿」字形體表

甲骨文	金文	古陶文	先秦貨幣文	古幣文	侯馬盟書	楚文字	睡虎地秦簡	古璽	漢印	石刻篆文	汗簡	古文四聲韻
（甲640）	（盂鼎）	（錄9.2）	（68）	（豫孟）	（85.35）二例	（包80）	（日甲59背）四十八例	（0295）	（王勿之印）	（石碣田車一執而勿射）		（古老子）
（乙1239反）	（師西簋）	（66）		（布空大亞2.103）		（帛行甲3-23）						
（佚203）												

　　許慎《說文解字・卷九下》：「勿，州里所建旗，象其柄有三游。雜帛幅半異，所以趣民，故遽稱勿勿。凡勿之屬皆从勿。文弗切。勿或从㫃」。王國維說：「物」爲牛名。卜辭「貞𢼑十勿牛」之「十勿牛」是物牛的省形。「物」本是不純色牛的專有名稱，後來推演引申爲所有不同的萬物〔註52〕。王襄亦云：勿是古代「物」的本字，也是不純毛色牛的專稱，推而引申牲畜毛的顏色都訓義爲物，進一步引申推及雜帛爲物〔註53〕。何琳儀則說：

〔註52〕王國維：〈釋物〉，《觀堂集林・卷六》云：卜辭云：「丁酉卜即貞后祖乙𡆥十牛四月」，又云「貞后祖乙𡆥物四月」（戩三），又云：「貞𢼑十勿牛」（前4.54）。前云「𡆥十牛」，後云「𡆥物」，則物亦牛名。其云「十勿牛」，亦即物牛之省。說文：「物，萬物也。牛爲大物。天地之數起於牽牛，故从牛，勿聲。」案許君說甚迂曲。古者，謂雜帛爲物，蓋曰物本雜色牛之名後推之以名雜帛。詩小雅曰：「三十爲物，爾牲則具。」傳云：「異毛色者三十也。」實則「三十維物」與「三百爲群，九十爲犉」句法正同，謂雜色牛三十也。由雜色牛之名，因之以名雜帛，更因以名萬有不齊之庶物，斯文字引申之通例矣。收錄於《古文字詁林》第八冊，357頁，2004年10月，大陸上海，上海教育出版社。

〔註53〕王襄：《簠室契類纂》云：勿古物字。詩無羊「三十維物」，傳曰：「異毛色者三十也。」周禮雞人：「辨其物」，注：「毛色也。」周禮司常：「雜帛爲物。」按物之本訓爲異毛色之牛即雜色之牛也。引申之，凡牲之毛色皆訓爲物；雜帛爲物，乃借誼也。文曰：物牛，即異毛色之牛也。收錄於《古文字詁林》第八冊，357頁，2004年10月，大陸上海，上海教育出版社。

「⿰，從刀。三斜點爲血滴。刎之初文。……，侯馬盟書…，通莫。《增韻》「勿，毋也。」……，中山王鼎……，讀物。毋、……望山簡（2.42）讀物。〔註54〕」

何琳儀認爲甲骨文的 ⿰ 是刎的初字，從刀，其斜點爲血滴，與毋、莫相通，中山王鼎的 ⿰ 與望山楚簡 ⿰（2.42）讀做物。

表 3-3-15　「物⿰」字形體表

甲骨文		睡虎地秦簡	
（甲 58）	（燕 349）	（秦 89）八例、	（效 34）四例、
（林.16.5）	（1.28.1）	（法 23）四例	

許慎《說文解字・卷二上》：「物，萬物也。牛爲大物。天地之數起於牽牛，故從牛，勿聲」。⿰、⿰讀音相同，⿰聲假作物，與毋、莫同義。竹簡《老子》甲本和丙本皆以古文「⿰」字假借爲⿰。

（九）「成」作「城」

甲本作⿰（1・1・16）、乙本作⿰（1・2・13）、丙本作（⿰1・3・12）。

表 3-3-16　「成」字形體表

甲骨文	金文	古陶文	先秦貨幣文	古幣文	楚文字	睡虎地秦簡	古璽	漢印	石刻篆文	汗簡	古文四聲韻
（前5.10.5）	（成王鼎）	（2.1）	（36）	（布空大豫伊）	（帛丙11：1-9）	（秦 111）五例	（1990）	（梧成右尉）	（詛楚文）	（成）（成出王庶子碑）	（古孝經）
（續6.13.7）	（盂爵）	（3.172）	（66）	（布方晉高）	（包 91）	（日甲 2）十九例	（1314）	（高成）			
（乙1904）	（匐簋）	（5.110）	（50）	（布尖晉平）							
（前1.44.3）	（成周鈴）										

〔註54〕　何琳儀：《戰國古文字典》下冊，1306 頁，2007 年 5 月重印第 3 版，大陸北京，中華書局。

　　許慎《說文解字‧卷十四下》：「𢦏，就也。从戊，丁聲。氏征切。𢦏古文从午。徐鍇曰：戊，中官，成於中也」。「成」字僅楚帛書出現从壬形，包山楚簡作从千形，甲骨文从十、从口形，金文、古陶文、先秦貨幣文和古幣文大都从十形，《汗簡‧尚書》從午形。

表 3-3-17　「城」字形體表

金文			古陶文	先秦貨幣文	古幣文
（班簋）　（元年師兌簋） （徐諧尹鉦）　（鄂君啓車節） （中山王▇鼎）　（▇羌鐘）			（3.514） （5.180） （6.25）	（21） （58）	（布尖辛城晉定） （布尖辛城典 457）

侯馬盟書	睡虎地秦簡	古璽	漢印	石刻篆文	汗簡	古文四聲韻
（156：20） 七例	（雜五）五十 八例	（0115） （3064）	（彭城丞印）	（泰室石闕額）		（王庶子碑）

　　許慎《說文解字‧卷十三下》：「城，以盛民也。从土，从成。成亦聲。氏征切。籀文城从𩫖。」商承祚於《戰國楚竹簡彙編‧信陽長臺關一號楚墓竹簡第一組文章考釋》云：

　　　　「𢧕，即城。與《汗簡》卷六作𢧕同。又作𢧕。▇羌鐘「入𤲬𢧕」，
　　　　即城省作𢧕，戰國前又作𩫖。」

郭店楚簡《老子》丙本▇與商承祚所言𢧕字相同。城，何琳儀云：

　　　　「西周金文作𩫖（班簋），从𩫖，成聲。或作𩫖（元年師兌簋），成
　　　　旁省作戉旁。春秋金文作𢧕（徐諧尹鉦），以土旁易𩫖旁。戰國文
　　　　字承襲春秋金文。楚系文字或聲化為人壬得聲。〔註55〕」

何琳儀表示：城字之「成」省作「戉」旁，戰國的楚系文字傳承自金文「或聲化為人壬得聲」竹簡《老子》甲、丙本之▇、▇與𢧕同形，為戰國古文

―――――――――――――――――――――――――――――――
〔註55〕何琳儀：《戰國古文字典》上冊，810 頁，2007 年 5 月重印第 3 版，大陸北京，
　　　　中華書局。

之「城」字，字形承襲春秋金文將■旁易作土旁。同爲楚系包山楚簡■（140）何琳儀釋讀作成功之「成」〔註56〕。

（十）「詞」通假作「始」、「殆」

甲本■（■从「■■」从「心」1‧1‧11）、■（■从「■■」从「言」1‧1‧19），丙本■（■从「■■」从「言」1‧3‧12）。

許慎《說文解字‧卷十二下》：「■，女之初也。从女，台聲。詩止切。」吳大澂《說文古籀補‧卷十二》云：■（頌壺）始。婦之長〔註57〕。吳式芬說：「似」古通用「姒」，古器銘以「始」假借作「姒」〔註58〕。

表3-3-18　「始■」字形體表

甲骨文	金文	睡虎地秦簡	古璽	漢印
■（珠84） ■（佚466） ■（錄660）	■（后母姒康鼎） ■（弔向父簋） ■（仲師父鼎）（者■尊） ■（鼄■鼎） ■（乙未鼎） ■（弔■方彝）	■（爲47） ■（日甲40） 八例	■（0330） ■（3599）	■（更始） ■（椋始昌）
				石刻篆文
				■（少室石闕）
		汗簡		古文四聲韻
		■（尚書）		■（古孝經） ■（古老子） ■（古尚書）

〔註56〕何琳儀：《戰國古文字典》上冊，810頁，2007年5月重印第3版，大陸北京，中華書局。

〔註57〕收錄於《古文字詁林》第九冊，817頁，2004年10月，大陸上海，上海教育出版社。

〔註58〕吳式芬：《攈古錄金文‧卷三之一》（中師父鼎）說文無姒字，古通用似。隸續司農劉夫人碑云：其云德配古列任似者，以似爲姒也…。古器銘則借始爲之。收錄於《古文字詁林》第九冊，817頁，2004年10月，大陸上海，上海教育出版社。

甲本从「⼓ㄐ」从「心」作 （1‧1‧11），何琳儀云： （璽彙 0326），青□ ，从心，句省聲。《玉篇》「恂愁，愚貌〔註59〕。」

甲、丙本訶 ，許慎《說文解字‧卷三上》 ，大呼也。从言，ㄐ聲。春秋傳曰：或訶于宋大廟。古弔切。何琳儀云： （璽彙 3978），空侗 ……。晉璽，人名。見紐， 聲〔註60〕。甲本 ，甲、丙本 ， 从⼓从心， 从⼓从言，二形與 之歷代形體不類，甲、丙本 形應不是《說文》从从言之訶 形，疑是从司从言之古「詞」字。 詞，汗簡作 （詞竝石經）、 （詞）、 （詞出義雲章）、 （詞竝出於王庶子碑），古文四聲韻作 （道德經）、 （石經）、 （義雲章）、 （王庶子碑）、 （竝籀韻）、 （王存玉切韻）、 （石經）。許慎《說文解字‧卷九上》：「詞，意內而言外也。从司，从言。似茲切。」甲、丙本之詞 與《汗簡》之 ，《古文四聲韻‧道德經》之 、王庶子碑之 和並籀韻之 等形相似，應是古「詞」字。何琳儀云：「 （陳喜壺） ，从言，司聲（省口）。陳喜壺『 客』，讀『司客』，官名。〔註61〕」「司」、「始」、「詞」讀音相近，借「詞」假「始」。甲本 从⼓从心字形待查。

「始與殆」，《老子》甲本第 19 至 20 簡：「詞（始 19-25）制有名。名亦即有，夫亦將知止，知止所以不詞（殆 20-12）」。

並非始，小篆有一 形，許慎《說文解字‧卷三上》：「 ，大呼也。从言，ㄐ聲。春秋傳曰：或訶于宋大廟。古弔切。」 形應是从言从司之古「詞」字（見表 3-3-19）。

〔註59〕 何琳儀：《戰國古文字典》上冊，345 頁，2007 年 5 月重印第 3 版，大陸北京，中華書局。

〔註60〕 何琳儀：《戰國古文字典》下冊，1463 頁，2007 年 5 月重印第 3 版，大陸北京，中華書局。

〔註61〕 何琳儀：《戰國古文字典》上冊，111 頁，2007 年 5 月重印第 3 版，大陸北京，中華書局。

表 3-3-19　「詞」字形表

汗簡				古文四聲韻						
(詞竝石經)	(詞)	(詞出義雲章)	(詞竝出於王庶子碑)	(道德經)	(石經)	(義雲章)	(王庶子碑)	(竝籀韻)	(王存玉切韻)	(石經)

　　屬於「傳抄古文」的《汗簡》和《古文四聲韻》是研究新出土戰國古文的重要參考資料之一〔註62〕，從　形可以得到印證。許慎《說文解字‧卷九上》：「詞，意內而言外也。從司，從言。似茲切。」　與《汗簡》之　、《古文四聲韻‧道德經》之　、王庶子碑之　和並籀韻之　　等形相似，應是古「詞」字。何琳儀即云：「　（陳喜壺），　，從言，司聲（省口）。陳喜壺『　客』，讀『司客』，官名。〔註63〕」「司」、「始」、「詞」讀音相近，此處借「詞」假作「始」。

　　殆，漢印作　（周殆），《汗簡》作　（殆亦慢），《古文四聲韻》作　、　、　（古老子），《說文解字‧卷四下》：「　，危也。從歹，台聲。徒亥切。」

　　《老子》甲本第 19 至 20 簡此段文句「始」、「殆」皆作詞　形，而「始」由「詞」所假借而來，顯然屬「同字異義」。「始」、「殆」皆從台聲而通假。相關「聲近通假」字如下：

1. 　（　17-19）（始）《老子》甲本第 17 簡：「萬物作而弗　（始）也。」
2. 詞（　19-25）（始）《老子》甲本第 19 簡：「詞（始）制有名。」
3. 詞（　20-12）（殆）《老子》甲本第 20 簡：「知止所以不詞（殆）。」
4. 絧（　26-4）（治）《老子》甲本第 20 簡：「絧（治）之於其未亂。」

〔註62〕　林進忠：〈唐代瞿令問的古文篆書〉，《唐宋書法國際學術研討會論文集》，169頁，2010 年，明道大學。

〔註63〕　何琳儀：《戰國古文字典》上冊，111 頁，2007 年 5 月重印第 3 版，大陸北京，中華書局。

（十一）「難」作「𪅀」、「𡎺」

丙本作（1‧3‧13）　從心從難，甲本作　、　（1‧1‧14、15）從土從難。

表 3-3-20　「難 　」字形體表

金文	楚文字	睡虎地秦簡	漢印
（歸父盤）　（夨季良父壺）	（帛乙 4-25）　（包 236）	（封 94）　（爲 4）三例　（封 91）三例　（日甲 16）	（傅難私印）　（召君難印）　（邯鄲難）

石刻篆文	汗簡	古文四聲韻		
（石經君奭）	（見尚書）	（古老子）　（說文）　（古尙書）　（王庶子碑）　（王庶子碑）　（竝韻）　（竝韻）　（竝王存乂切韻）　（古老子）			

以上「難」字形體諸形均未見從心之「𪅀」者。許慎《說文解字‧卷四上》：「　，鳥也。從鳥，堇聲。那干切。　　或從隹。　古文鶾。　古文鶾。　古文鶾。」許慎《說文解字‧卷十下》：「　，敬也。從心，難聲。女版切。」馬敍倫《說文解字六書疏證‧卷二十》云：敬也者。爾雅釋詁文。𪅀得聲於難。難得聲於堇。謹亦得聲於堇。蓋謹之異文。聲轉耳。〔註64〕「　」從黃、從隹、從心，爲繁化字形，與「難」從鳥、從堇不同，「𪅀」、「𡎺」「得聲」於「難」，讀音相同通假作「難」。

（十二）「過」作「　、　」

甲本　（1‧1‧12）作從「化」從「止」，丙本　（1‧3‧13）作從「化」從「辵」，乙本未見。

〔註64〕收錄於《古文字詁林》第八冊，963 頁，2004 年 10 月，大陸上海，上海教育出版社。

表 3-3-21　文字形體表

金文	睡虎地秦簡	古璽	漢印	汗簡	古文四聲韻
（過伯簋） （過伯爵） 省略彳旁	（效 8） （秦 78） （日甲 124）	（2004） （3431）		（古孝經） （古老子）	（籀韻） （垃籀韻） （德）

《說文解字・卷二下》：「𧗴，過度也。从辵。咼聲。」，何琳儀云：
「信陽 1.04□—如相保如。天星 3402 夜分又列。信陽
簡，讀化，蛤之變化。天星觀簡『分』，讀『過分』。《老子》
十二『難得之貨令人行妨』，帛書甲貨作。是其佐證。《左・傳廿
八》『允當則歸』，注『無求過分』。簡文『夜（過）分』與『夜
（中）』相對而言，指子夜之後。天星觀簡，讀化。《周禮・春官・
大祝》『四曰化祝』，注『化祝，弭兵災也。』〔註65〕」

甲本「」從「化」從「止」之應是的省形，荊門市博物館《郭店楚
墓竹簡》釋讀作「過」〔註66〕。丙本「」從「化」從「辵」之形於歷代
「過」字字形未見，何琳儀釋讀「過」、「化」。

　　此外，以某些聲符的字，總有互相通讀或相通的情形〔註67〕。以下便從
「化」、從「為」、從「咼」為聲的字來看。

　　1. 化（禍6-1），《老子》甲本第 6 簡：「化（禍）莫大乎不知足。」

　　2. （化13-18），《老子》甲本第 13 簡：「侯王能守之，而萬物將自
（化）。」

　　3. （化32-17），《老子》甲本第 32 簡：「我亡為而民自（化）。」

　　4. （過4-16），《老子》丙本第 4 簡：「樂與餌，（過）客止。」

〔註65〕 何琳儀：《戰國古文字典》下冊，835 頁，2007 年 5 月重印第 3 版，大陸北京，
　　　　中華書局。
〔註66〕 荊門市博物館：《郭店楚墓竹簡》，112 頁，1998 年 5 月，北京，文物出版社。
〔註67〕 顏世鉉〈郭店竹書校勘與考釋問題舉隅〉，《中央研究院歷史語言研究所集刊》
　　　　第七十四本，第四分，652 頁，民國 92 年 12 月。

　　以上皆是以聲通假的情況。這些聲近相通的關係，正可以反映出「以音求義，不限形體」的實質內涵〔註68〕。

　　（十三）「萬」作「![字]」

　　見丙本作![字]（1‧3‧13），從「萬」從「土」，荊門市博物館《郭店楚墓竹簡》釋作「![字]」。

表3-3-22　「萬![字]」字形體表

甲骨文	金文	先秦貨幣文	古幣文
![字]（3.30.5） ![字]（乙1215） ![字]（5956） ![字]（7680）	![字]（仲簋） ![字]（靜簋） ![字]（史宜父鼎） ![字]（弔宲簋） ![字]（庚嬴卣） ![字]（毳盤）	![字]（67）　![字]（67）	![字]（刀弧背右 万） ![字]（刀弧背左 万）

楚帛書	睡虎地秦簡	古璽	漢印	石刻篆文	汗簡	古文四聲韻
![字]（乙2-28）	![字]（效27）九例 ![字]（法181）二例	![字]（4815） ![字]（4799）	![字]（萬歲單三老） ![字]（李萬之印）	![字]（石經無逸）	![字]（王庶子碑） ![字]（華嶽碑）	![字]（華嶽碑） ![字]（義雲章）

　　許慎《說文解字‧卷十四下》：「![字]，蟲也。從厹，象形。無販切。」由字形體表審視，「萬」字未見從土之形。何琳儀云：「![字]，璽印作![字]（4484）、![字]（3668），從土，萬聲。疑萬字之繁文。〔註69〕」戰國古文傳承自商周金

〔註68〕顏世鉉：〈郭店竹書校勘與考釋問題舉隅〉，《中央研究院歷史語言研究所集刊》第七十四本，第四分，653頁，民國92年12月。

〔註69〕何琳儀：《戰國古文字典》下冊，960頁，2007年5月重印第3版，大陸北京，中華書局。

文，從「萬」從「土」之 形承襲繁化之 形， 形以萬得聲，故以聲通假。

（十四）「且」作「」

見丙本 （1‧3‧12），從「虍」從「且」從「又」。

表 3-3-23 「且 」字形體表

甲骨文		金文		睡虎地秦簡	
（甲 249） （甲 414） （前 7.30.3） （後 1.21.13）		（己且乙尊） （伯家父簋） （艅尊） （買簋）		（法四）二十六例 （語八）二例	
漢印	石刻篆文	汗簡	古文四聲韻		
（且盧承印） （故且蘭徒承）	（詛楚文）	（王庶子碑） （且出王庶子碑）	（古老子） （王存乂切韻）	（竝同前）	

許慎《說文解字‧卷十四上》：「，薦也。從几，足有二橫。一、其下地也。凡且之屬皆從且。子余切。又千也切。」吳大澂說：從 之且（ 師虎簋）是「助」的異體字，可假借為「祖」字〔註70〕。竹簡《老子》丙本之 當從虍從 （助）之形。高田忠云道： 為《說文》裡的 「挩」字，是古篆文；而「」則是「取」的元字。《說文》云：「，又取也」。與挩取同義，南方的楚地方言「挳」字是「取」的意思，與「又」的意義符合也和「挩」意義相通〔註71〕。，《說文》云：「又卑也。從又，且聲。」；盧，《說

〔註70〕 吳大澂：《師虎敦‧愙齋積古錄‧十一冊》云：「（師虎簋）當釋祖。從 。助之異文也。以助為祖。亦古文假借字」。收錄於《古文字詁林》第十冊，623頁，2004 年 10 月，大陸上海，上海教育出版社。

〔註71〕 高田忠周：《古籀篇‧五十五》云： 說文。 挳也。從手且聲。古文從手字往往從又。然此篆挳字古文無疑。而取亦元 字。說文。。又取也。又取與挳取。元一義之轉耳。方言。挳。取也。南楚之間。凡取物溝泥中謂之挳。正興又義合。亦與挳取義通。又說文。挳讀若欇梨之欇。亦挳 同字可證矣。挳之或作 。猶 置。 同字也。銘意借為祖。收錄於《古文字詁林》第十冊，625 頁，2004 年 10 月，大陸上海，上海教育出版社。

文》云：「虖不柔不信也。从虍，且聲。」𧆨、虘均从且聲；又𧆨，魏啓鵬注：「爲且聲孳乳字，古音與「且」同爲魚部精紐字，故得通借」〔註72〕。何琳儀稱楚簡之𧆨，除人名外均讀且，猶又〔註73〕。

（十五）「然」作「狀」

甲本作 𫞩（1・1・12）；丙本作 𫞩（1・3・14）；乙本未見。

許慎《說文解字・卷四下》：「狀，犬肉也。从犬，从肉，讀若然。如延切。」馬敘倫說：「犬肉爲狀並無佐證資料，並非本義。〔註74〕」何琳儀 說法與《說文解字》相同，謂：「不欲飲狀，从肉，从犬，會犬肉之意，犬亦聲。……楚簡狀，讀然，語末助詞。〔註75〕」

許慎《說文解字・卷十上》：「燃，燒也。从火狀聲。臣鉉等曰：今俗別作燃，蓋後人增加。如延切。」汗簡淮南子均作 ，金文者減鐘作 ，中山王鼎作 ，睡虎地秦簡作 然（170）、 （效29）、 （日乙238），漢印作 、、 ，天璽紀功碑作 。「然」，許慎解爲「燒」，俗字「燃」爲後人所加。竹簡《老子》甲本與丙本皆作 𫞩、𫞩形，何琳儀釋讀爲然。狀、然皆爲母元部字，雙聲疊韻，古通，《正字通・肉部》：「狀，…俗作然。〔註76〕」

（十六）同字異義

戰國古文使用通假字的情形相當普遍，因此，上下文句裡經常會有同一個字代表二個或多個不同的詞意，此種狀況即所謂的「同字異義」。例如：

1. 「聲與聖」，《老子》甲本第16至17簡：「音聖（聲 16-20）之相和

〔註72〕聶中慶：《郭店楚簡老子研究》，303頁，2004年02月，大陸北京，中華書局。
〔註73〕何琳儀：《戰國古文字典》上冊，571頁，2007年5月重印第3版，大陸北京，中華書局。
〔註74〕馬敘倫：《說文解字六書疏證卷八》曰：犬肉爲狀而即從犬肉，與犬從穴出爲突何異。且犬肉爲狀，義無他證。爲犬肉而製狀字，亦所未諭。……桂馥則謂從犬從肉，犬當爲火，……可證犬肉非本義。收錄於《古文字詁林》第四冊，502頁，2004年10月，大陸上海，上海教育出版社。
〔註75〕何琳儀：《戰國古文字典》下冊，1009頁，2007年5月重印第3版，大陸北京，中華書局。
〔註76〕聶中慶：《郭店楚簡老子研究》，111頁，2004年02月，大陸北京，中華書局。

也，先後之相隨也。是以聖（17-2）人居亡爲之事，行不言之教」。前者代表聲音之聲；後者則是指聖人。「聲」、「聖」形體演變如下（表 3-3-24）：

表 3-3-24

「聲」字形表			
甲骨文	睡虎地秦簡	漢印	古文四聲韻
（1・7・10）（粹 1225）	（法 52）	（杜子聲）	（華嶽碑）

「聖」字形表								
甲骨文	金文	包山楚簡	睡虎地秦簡	古璽	漢印	石刻篆文	汗簡	古文四聲韻
（林 2・25・14）（乙 6533）	（盤 聖成王）（井人妄鐘）	（94）	（爲四五 3 例）	（0778）	（朱聖）	（開母廟石闕）	（聖華嶽碑亦作聲）	（古孝經）（古老子）（華嶽碑）

《說文解字・卷十二上》：「，通也。从耳，呈聲。式正切。」潘祖蔭於《攀古樓彝器款識二冊》云：「聖叔聖姜，即聲叔聲姜。聖本字，聲叚借字。聖字本从耳得義。〔註77〕」吳大澂於《說文古籀補・卷十一》亦曰：「。聲也，通也。聞聲知情謂之聖。聖聲古通。〔註78〕」潘、吳皆說聖「从耳得義」和「聞聲知情」故假借作聲。何琳儀亦云：

「聖甲文作（乙 516）。从人，耴聲。耴之繁文。西周金文作（牆盤），或聲化从壬作（克鼎）。春秋金文作（齊侯鎛）、（曾伯匡），其人旁由𠂤、𠂇、𠄌、壬聲化爲壬旁。戰國文字承襲兩周金文。壬旁或省作土旁。…聖舊屬呈之準聲，茲易屬耴聲首。耴、

〔註77〕收錄於《古文字詁林》第九冊，572 頁，2004 年 10 月，大陸上海，上海教育出版社。

〔註78〕收錄於《古文字詁林》第九冊，572 頁，2004 年 10 月，大陸上海，上海教育出版社。

聖、聽一字分化。戰國文字聖所从口旁**王**旁相接或與呈同形，然與呈實無關。…望山簡『聖王』，讀『聲王』。《左・文十七》『葬**戎**小君聲姜』，《公羊》『聲姜』作『聖姜』。是其佐證。楚聲王，見《史記・楚世家》。曾姬無卹壺、包山簡聖，讀聲。『聖夫人』，楚聲王夫人。包山簡一三〇、一三六讀聽。〔註79〕」

聖字何琳儀見解與許慎《說文》不同，認爲**耺**、聖、聽是同一字分化作三形。聖从人，**耺**聲，由**耺**所孳乳出〔註80〕，與呈並不相干，是人形聲化爲**王**旁，口旁又與**王**旁相接所致。「聲」、「聖」雖各有其代表之詞義，戰國古文卻經常出現於文句裡以「聖」通假作「聲」或「聽」的「同字異義」狀況。

2.「呵、何、可」，《老子》乙本第4至5簡：「絕學亡憂，唯與可（呵 **可** 4-14），相去幾可（何 **可** 4-18）？美與惡，相去可（何 **可** 4-24）若？人之所畏，亦不可（可 **可** 5-6）以不畏。」此段文句「可」形分別代表呵、何、可，略述如下：

表3-3-25 **可** 字形表

甲骨文	金文	古陶文	先秦貨幣文	古幣文	侯馬盟書	楚簡	睡虎地秦簡	古璽	漢印	石刻篆文	汗簡	古文四聲韻
可（摭續10）	可（師**憂**簋）	可（5·32）	可（62）	可（刀大）	可（198：1）	可（包山138）	可（日甲117背）	可（2631）	可（林可置印）	可（秦山刻石）	可	可（古老子）
石甲（1518）	匸（蔡侯**■■**殘鐘）					可（帛書丙1：1-7）		可（4857）				可（古孝經）

許慎《說文解字・卷五上》：「**可**，肎也。从口**て**，**て**亦聲。凡可之屬皆从可。肯我切。」「可」可以通假作「何」，見強運開《石鼓釋文》〔註81〕。林光義於《文源・卷十》道：

〔註79〕何琳儀：《戰國古文字典》上冊，820頁，2007年5月重印第3版，大陸北京，中華書局。

〔註80〕見何琳儀：《戰國古文字典》上冊，801頁，2007年5月重印第3版，大陸北京，中華書局。

〔註81〕收錄於《古文字詁林》第五冊，40頁，2004年10月，大陸上海，上海教育出版社。

「古作可（師𢼸敦）。作可（美尊彝）。从口丂。與号同意。當爲詞
古文。大言而恕也。詞古通何。《史記·萬石張叔傳》『歲餘不譙呵
綰。索隱云。譙呵音誰何。』《石鼓》『其魚維何。』何作可。則詞
古文亦只當作可。何爲問詞。乃譙詞之義引伸。可爲肯。則詞者所
許。亦詞之引伸義也。〔註82〕」

林光義認爲金文師𢼸敦「可」是「詞」的古文，古文「詞」通假作「何」。許
氏《說文》「可」从丂反形，此種狀況於甲骨文、金文、古璽時有所見，可形
與今字形並無多大差異；金文、古陶文、侯馬盟書、楚簡於橫畫上作短橫或
點爲飾（贅）筆；其中甲骨文、金文及古璽見「可」作反形，此種現象於古
文中經常可見。

郭店楚簡《老子》甲本第 21 簡亦見一反形字例：「敓穆蜀（獨）立不亥
（改），可（[字形]21-15）以爲天下母。」馬敘倫於《說文解字六書疏證·卷九》
曰：「…則丂丂實一字。作丂亦無不可。…」何琳儀則說：

「可，甲骨文作可（京津二二四七），从口，主，會室前歌詠之意。
歌之初文。《集韻》「歌，古作可。」…「丂，反丂也。讀若呵。…
古文字往往正反無別，丂即丂。小篆—，从丂，並不从丂，故从丂
之說無據。」〔註83〕

「可」作反形，徐鉉則有不同解釋，在其所著《說文解字·卷五新附》裡說：
「丂不可也。从反可。普火切。」林光義亦附合徐鉉於《文源·卷九》道：「說
文無叵字。三蒼，叵，不可也。說文敘云。雖叵復見遠流，是當有叵字。〔註
84〕」反形字在古文雖然常見，然此形在楚文字裡未見，屬於異體字也是特例，
與《說文解字·卷五新附》之「叵」不同字。

「何」，《說文解字·卷八上》：「何，儋也。从人，可聲。」商承祚在〈石
刻篆文編字說〉·《中山大學學報 1980 年第一期》裡說：

〔註82〕收錄於《古文字詁林》第五冊，39 頁，2004 年 10 月，大陸上海，上海教育
　　　　出版社。
〔註83〕何琳儀：《戰國古文字典》下冊，849 頁，2007 年 5 月重印第 3 版，大陸北京，
　　　　中華書局。
〔註84〕收錄於《古文字詁林》第五冊，42 頁，2004 年 10 月，大陸上海，上海教育
　　　　出版社。

「石碣汧殹：『可以橐之。』可讀何，古文不从人。《左傳》昭公七
年：『嗣吉何建』，釋文：『本或作可建。』昭公八年：『若何不弔』，
釋文：『本或作可。』襄公十年：『則何謂正矣』，釋文：『何或作可。』
何爲負荷之本字，後以可爲可否字，遂以何代可，以荷蓁之荷而爲
負何字矣。〔註85〕」

裘錫圭在〈釋「勿」「發」〉·《中國語文研究第二期》也說：「…例如『何』字
本作 **朿**，象人荷物形。後來象所荷之物的 **ㄱ** 形加『口』而成『可』，『何』
字就由表意字轉化成從『人』『可』聲的形聲字了。〔註86〕」按商、裘之說，
「何」原是「荷」的本字。

表 3-3-26　字形表

甲骨文	金文	古陶文	古璽	漢印	石刻篆文	汗簡	古文四聲韻
屮 （甲69）	朿 （何尊）	何 （3·340）	圂 （2198）	阿 （張何印）	可 （石經汧殹）	靮 （碧落文）	伵 （古孝經） 靮 （碧落文） 叼 （雲臺碑）

反 **ㄎ**、**ㄟ** 讀若「呵」；「訶」的古文作「可」，而古文「訶」通假作「何」；
「荷」的本字作「何」。三者皆因讀音相近，「可」除了代表可否字義外，又
通假作「何」、「呵」，而形成「同字異義」狀況。

以上是郭店楚簡《老子》因使用通假字而產生「同字異義」的情況。這
種「同字異義」的情況在遇到重文符號或合文符號的釋讀時也會發生。例如：

《老子》乙本第 5 至 6 簡：（辱與若）「寵辱若驚，貴大患若身。何謂寵
辱？寵爲下也。得之若驚，失之若驚，是謂寵辱 ▬ （ 𩫖 辱若6-17）驚。」《郭
店楚墓竹簡》《老子》乙注釋七：「據文例『辱』下脫『若』字。裘按：『辱』

〔註85〕收錄於《古文字詁林》第七冊，319頁，2004年10月，大陸上海，上海教育
　　　　出版社。
〔註86〕收錄於《古文字詁林》第七冊，319頁，2004年10月，大陸上海，上海教育
　　　　出版社。

字下有一類似句逗的符號，也許是校讀者所加，表示此處抄脫一字。《老子》甲『其事好還』句脫一『還』字，『好』字下亦有此類符號。〔註 87〕」李天虹認爲「辱」下的「_」可能是重文符，當讀作「辱辱（若）」，其例與第 15 簡「清=」讀「清清（靜）」同〔註 88〕。

3.「青」、「清」、「淸」、「靜」，《老子》乙本第 15 簡：(淸與靜)「燥勝滄，青（清）勝熱，淸（15-9）爲天下定。」

「青勝熱」，彭浩說：「青，借作『清』。《說文》：『清，寒也。』《禮記・曲禮》：『冬溫而夏淸』。帛書甲本作『靚』，借作『瀞』。《說文》：『瀞，冷寒也。』『淸』、『瀞』兩字同義。〔註 89〕」《老子》乙注釋二十四：「裘按簡文『淸=』似當讀爲『淸青（靜）』或『青（清）淸（靜）』。〔註 90〕」裘錫圭將「淸=」視作合文，釋讀作「淸青（靜）」或「青（清）淸（靜）」，以此種讀法則與上一文句「青」字歸屬於「上下文同字異義」；但是，淸下的二短橫「」也可以作爲重文符號，倘若是則「淸=」即可釋讀作「淸淸（靜）」，以此釋讀則將出現以下三種「上下文同字異義」狀況：

「青（清）勝熱，淸青（靜）爲天下定。」
「青（清）勝熱，青（清）淸（靜）爲天下定。」
「青（清）勝熱，淸淸（靜）爲天下定。」

滋就「青」、「清」、「淸」、「靜」四字關係略加說明：

表 3-3-27

	金文	楚簡	睡虎地秦簡	古璽	漢印	石刻篆文	汗簡	古文四聲韻	說文小篆
青	 （吳方彝）	 （包山 193）	 （爲 36）	 （4651）	 （陳青）	 （禪國山碑）		 （𠀤汗簡）  （說文）	

〔註 87〕荊門市博物館：《郭店楚墓竹簡》，119 頁，1998 年 5 月，北京，文物出版社。
〔註 88〕顏世鉉：〈郭店竹書校勘與考釋問題舉隅〉《中央研究院歷史語言研究所集刊》第七十四本，第四分，640 頁，民國 92 年 12 月。
〔註 89〕顏世鉉〈郭店竹書校勘與考釋問題舉隅〉，《中央研究院歷史語言研究所集刊》第七十四本，第四分，641 頁，民國 92 年 12 月。
〔註 90〕荊門市博物館：《郭店楚墓竹簡》，120 頁，1998 年 5 月，北京，文物出版社。

清							
清	(乙15-6)						(字形)
清	(乙15-9)	(日甲35背四例)	(0215)	(清陽丞印)	(開母廟石闕)	(云臺碑)／(古老子)	(字形)
靜	(靜卣)		(爲6)	(孟靜)	(石經康誥)	(出義雲章)／(古老子)	(字形)

《說文解字・卷五下》：「𤯍，東方色也。木生火，从生丹。丹青之信言必然。凡青之屬皆从青。倉經切。𡘹古文青。」馬敘倫《說文解字六書疏證・卷十》曰：「…戴侗謂石之青綠者。從丹，生聲，是也。丹砂石青之類，凡產於石者，皆謂之丹。大荒西經有白丹青丹。張衡東京賦，黑丹石緇，是也。蓋丹是總名。故青從丹生聲。其本義謂石之青者。…〔註91〕」嚴一萍對楚文字𤯍（青）之解讀，在〈楚繒書新考・《中國文字第二十六冊》〉裡說：「吳尊青作𤯍，與此形近。說文古文作𡘹。王國維曰：『說文青之古文作𡘹，𡘹者生之省，𠂆者丹之譌也。』（魏石經古文考）〔註92〕」曾憲通於《長沙楚帛書文字編》對楚繒書𤯍（甲五・二四）說：「…王國維云：…信陽楚簡青作𢖫，楚帛書𤯍字所從亦作𤯍，此則作𤯍。準《說文》古文之例，𤯍字之屮及生之省，囗為囗字之變，作囗者則將丹中之點省去。下之口為增益之符號，與帛文紀作𥾝、丙作𠀡同例。〔註93〕」

《說文解字・卷十一下》：「𤅷，寒也。从仌，青聲。七正切。」

〔註91〕收錄於《古文字詁林》第五冊，261頁，2004年10月，大陸上海，上海教育出版社。

〔註92〕收錄於《古文字詁林》第五冊，262頁，2004年10月，大陸上海，上海教育出版社。

〔註93〕皆收錄於《古文字詁林》第五冊，262頁，2004年10月，大陸上海，上海教育出版社。

《說文解字‧卷十一上》：「𣹁，膜也。澂水之皃。从水，青聲。七情切。」馬敍倫在其《說文解字六書疏證‧卷二十一》說：

> 「鈕樹玉曰。繫傳韻會膜作朖。倫按澂從徵得聲。徵爲𡈼之轉注字。見徵字下。𡈼青聲同耕類。是澂清爲轉注字也。…精清從同爲舌尖前破裂摩擦音。然則古讀淑不在禪紐。實爲清之轉注字。訓水皃。呂忱增澂水之皃。膜也者。呂忱列異訓。或校語。文選玄賦注字林。清。瀏流也。字見急就篇。」

《說文解字‧卷五下》：「靜，審也。从青，爭聲。徐鍇曰：丹青，明審也。疾郢切。」馬敍倫在其《說文解字六書疏證‧卷十》說：

> 「…倫按靜即采色之采本字。采靜同爲舌尖前破裂摩擦音。故古書借靜爲諍。借采爲靜。說解本作采也。以假借字釋本字也。傳寫作案。又增爲審耳。九篇。彭清飾也。清飾當作青也飾也。青也即靜字義。十篇靖下一曰細皃。乃彭字義也。靜爲青之同舌尖前破裂摩擦音轉注字。〔註94〕」

此段文句「清」以「青」替代作「靑」形，「清」（清）形則可以代表作「清」、「青」、「靜」。「清」以「青」得聲，故以「青」通假作「清」；「清」、「靜」亦皆以「青」得聲而三者可互爲通假。「清」、「清」、「靜」三字均以「青」得聲，四者有著不可分的緊密關係性。

（十七）異體通假字

「之（坐29-20）」通作「治」，《老子》甲本第29簡：「以正之（治）邦，以奇用兵。」

《說文解字‧卷六下》：「屮，出也。象艸過中，枝莖益大，有所之。一者，地也。凡之之屬皆从之。止而切。」「之」字胡光煒《甲骨文例卷下》釋：「屮象人足。今文爲止。…卜辭用『屮』之例。或以爲『又』。〔註95〕」郭沫若〈釋作‧《甲骨文研究》〉釋「屮」作「有」〔註96〕。商承祚《殷契佚存》釋：

〔註94〕收錄於《古文字詁林》第五冊，263頁，2004年10月，大陸上海，上海教育出版社。

〔註95〕收錄於《古文字詁林》第六冊，54頁，2004年10月，大陸上海，上海教育出版社。

〔註96〕收錄於《古文字詁林》第六冊，54頁，2004年10月，大陸上海，上海教育出版社。

「卜辭🌱或讀爲及。〔註97〕」明義士〈柏根氏舊藏甲骨文字考釋〉：「㞢舊釋之，與🌱同字。按卜辭之㞢與🌱，分析頗清，並非一字。〔註98〕」胡厚宣〈卜辭下乙說‧《國立北京大學四十週年紀念論文集‧乙編上》〉：「『㞢』之涵義僅『有』『又』及『祭』三義而已。…㞢既有『有』『又』之義，其用爲祭名者，即當叚『侑』。〔註99〕」饒宗頤《殷代貞卜人物通考》：「『㞢』之用法，除作語助詞之『有』及『又』與福祐外，『㞢』之爲『侑』。蓋有二義：一對鬼神言，祭祀之事也；一對生人言，酬酢之事也。…左右之右本作『又』。故契文㞢神之『㞢』間亦作『又』，實當讀爲右或祐也。爾雅侑訓報。…祭名『㞢』㞢爲侑。亦通『右』。周禮『以享右祭祀』，鄭注：『右讀爲侑，侑勸尸食而拜。』〔註100〕」何琳儀曰：

> 「之，甲骨文作 🌱（粹1043）。从止，从一，會足趾所至之意。止亦聲。西周金文作 山（毛公鼎），春秋金文作 🌱（曾伯簠）。戰國文字承襲兩周金文。或作 山，取其對稱。或作 ㄨ，斜筆穿透。或作 山，加一贅筆。戰國文字『之』多爲代詞，或爲助詞。〔註101〕」

以上「之」字諸解，有解作「又」、「有」、「右」、「侑」或「卜辭🌱或讀爲及」、「㞢與🌱，並非一字」等，今多當語助詞或代詞用。

《說文解字‧卷十一上》：「🌀，水。出東萊曲城陽丘山，南入海。从水，台聲。直之切。」「治」爲水名。秦簡以上未見此形，本義有管理、整治、辦理及疏通水道之意。

本段文句以「之」通假作「治」，二字因讀音或相近（似）而以異字通假情形。

〔註97〕收錄於《古文字詁林》第六冊，55頁，2004年10月，大陸上海，上海教育出版社。

〔註98〕收錄於《古文字詁林》第六冊，55頁，2004年10月，大陸上海，上海教育出版社。

〔註99〕收錄於《古文字詁林》第六冊，56頁，2004年10月，大陸上海，上海教育出版社。

〔註100〕收錄於《古文字詁林》第六冊，57頁，2004年10月，大陸上海，上海教育出版社。

〔註101〕何琳儀：《戰國古文字典》上冊，43頁，2007年5月重印第3版，大陸北京，中華書局。

表 3-3-28　、文字形體表

	甲骨文	金文	古陶文	先秦貨幣文	古幣文	侯馬盟書	楚簡	睡虎地秦簡	古璽	漢印	石刻篆文	汗簡	古文四聲韻
之	（甲3113）（前1.53.1）	（散盤）（秦公簋）	（3.616）（3.699）	（23）（19）	（魯撥）（鄂天）	（1:1）1522例	（包山18）（帛甲3-22）	（秦23）242例（秦64）272例	（0206）（0151）	（王博之印）（夏奉之印）	（鄭固碑額）（石碣）	（王存乂切韻）（石碣）	（古孝經）（王存乂切韻）
治							（雜6）30例		（4885）	（治中從事）	（天璽紀功碑）		（立義雲章）
							（法74）13例		（4887）	（治邓之印）	（開母廟石闕）		（立古孝經）

二、古今字

（一）「故」作「古」

甲（1・1・11）、丙本（1・3・11）「故」均作「古」，乙本無「故」字。

表 3-3-29　「古」字形體表

甲骨文	金文	古陶文	先秦貨幣文	古幣文	楚簡	睡虎地秦簡	漢印	石刻篆文	汗簡	古文四聲韻
（甲2905）（戩45.3）	（徵5.24）（天62）（中山王）	（5.463）（5.464）	（68）（19）	（布空大.典633）（布空大・豫伊）	（15）（包227）	（法192）三例（語一）	（張多古）（車多古）	（禪國山碑）（石碣而師）		（古孝經）（汗簡）

（燕 123） （6235）	壺 （古伯尊）	（5.465）	（50） （布空大. 典 634）			（石經 君奭）	（說文）

表 3-3-30　「故𣪘」字形體表

金文	古陶文	楚文字	睡虎地秦簡	古璽	漢印	石刻篆文	古文四聲韻
（孟鼎） （班簋）	（5.77）	（帛乙 1-2）	（秦 111） 十五例	（3477）	（脩故 亭印）	（石經 君奭）	（古孝經） （竝古 老子）

　　許慎《說文解字・卷三下》「𣪘，使為之也。从攴，古聲。古慕切」。从攴「故」字於金文時期出現，金文以前皆以「古」為「故」。許慎《說文解字・卷三上》：「古，故也。从十口。識前言者也。凡古之屬皆从古」。吳大澂《說文古籀補第三》云：「古，古文以為故字〔註102〕」。何琳儀云：「古，金文作古（孟鼎），古（牆盤），構形不明，戰國文字承襲金文，或在口內加飾筆〔註103〕」。於此可知「古」「故」為古今字，「古」是「故」的本字。「古」字或有於口內加飾筆如古陶文、古幣文；「古」字汗簡、古文四聲韻　、　、　形，「故」字古璽　形、古文四聲韻　、　形於金文、甲骨文未見；「故」字金文、石刻篆文及古文四聲韻均有作「古」形。竹簡《老子》傳承商周金文，「古古」字即古「故𣪘」字。

　　（二）「終」作「冬」

　　丙本「終」作　（1・3・12 慎「終」若始）；甲本「冬」作　（1・1・8 豫乎若「冬」涉川）、「終」作　（1・1・11 慎「終」如始）或作　（1・1・15 故「終」亡難）；乙本未見。

〔註102〕收錄於《古文字詁林》第二冊，685 頁，2004 年 10 月，大陸上海，上海教育出版社。

〔註103〕何琳儀：《戰國古文字典》上冊，471 頁，2007 年 5 月重印第 3 版，大陸北京，中華書局。

表 3-3-31 「冬」字形體表

甲骨文	金文	古陶文	楚文字	睡虎地秦簡	漢印	石刻篆文	汗簡	古文四聲韻
（乙4534）十二例	（陳章壺）	（5.384）共一百十八例	（帛甲1-16） （包2）二例	（秦94）二十九例 （日乙227）六例	（冬利澤）	（石經僖公） （冬公會晉侯）	（冬竝石經） （冬）	（石經） （道德經） （碧落文） （竝王存乂切韻）

　　許慎《說文解字·卷十一下》：「冬，四時盡也。从仌，从夂。夂。古文終字。都宗切。古文冬从日」。許慎所收古文从日形體與金文、石經、道德經相似。嚴一萍於《楚繪書新考·中國古字第二十六冊》云：

　　「說文古文冬从日作，案陳騂壺孟冬之冬作，正始石經春秋僖公二十八年冬之冬作，皆與繪書同。說文之蓋之譌。頌鼎作與甲骨文同，均假爲終字〔註104〕。」

嚴一萍指出《說文》古文冬「」从日，短橫是的譌形，假「冬」爲「終」。此形郭店楚簡作、。何琳儀云：

　　「冬，甲骨文作（前4.32.7）。構形不明。金文作（井人妄鐘），二圓圈上移則成爲圓點。戰國文字承襲金文。楚系文字延長圓點爲斜筆作，或聯接二圓點爲一橫筆。或附加日旁表示季節。〔註105〕」

　　「冬」字甲骨文二圓圈位在下方，金文作圓點並上移，何琳儀指出戰國楚系文字傳承自金文，二圓點延長作斜筆狀，或者加日代表季節。

〔註104〕收錄於《古文字詁林》第九冊，311頁，2004年10月，大陸上海，上海教育出版社。

〔註105〕何琳儀《戰國古文字典》上冊，269頁，2007年5月重印第3版，大陸北京，中華書局。

表 3-3-32 「終 」字形體表

甲骨文	金文	古陶文	楚文字	睡虎地秦簡	漢印	石刻篆文	汗簡	古文四聲韻
（乙 368） （乙 3340）	（井侯簋） （蔡姞簋） （攻敔臧孫鐘）	（3.1149）	（帛甲 3-33）	（秦 171）十二例 （日乙 239）十四例	（彭終根）	（蘭臺令史殘碑）	（古孝經）	（古孝經） （道德經） （古尚書）

　　許慎《說文解字·卷十三上》：「，絿絲也。从絲，冬聲。職戎切。古文終。」郭沫若在《金文所無考·金文叢考》說道：

> 「冬字多見，但均用爲終，其字形作 （頌鼎文），若 （不娶 文）。案此字當是爾雅釋木『終牛棘』之終之本字〔註106〕。」

郭沫若考證「冬 」係「終」之本字，嚴一萍認爲「冬」通假作「終」。「冬」古文多形均从日；「終」甲骨文和金文均不从糸，自古陶文及秦簡以後始見从糸。傳抄古文汗簡及古文四聲韻均作「冬 」形，與甲骨文、金文形近。

　　竹簡《老子》甲本从日之 、 形爲「冬」字，其形承襲自金文。「冬」、「終」讀音相近且乃古今字之別，甲骨文二字形體無分。金文、石經、道德經「冬」均从日；甲本「故「終」亡難」作 （1·1·15）形、丙本「愼「終」若始」

　　作 （1·3·12）形，均爲典型古「終」字，形體與汗簡、古文四聲韻、甲骨文、金文相近，於此可見「冬」、「終」在郭店楚簡並未明確定型分界，有互爲通假狀況；而觀「冬」、「終」形體表，秦系作不同形體，二字已明顯劃分。

（三）「恆」作「亙」

　　甲本作 （1·1·12），乙本作 （1·2·12），丙本作 （1·3·12）。

〔註106〕收錄於《古文字詁林》第九冊，309 頁，2004 年 10 月，大陸上海，上海教育出版社。

表 3-3-33 「恆」字形體表

甲骨文	金文	包山楚簡	睡虎地秦簡	古璽	漢印	汗簡	古文四聲韻
（鐵 199.3） （明 236） （外 103）	（舀鼎） （恆簋） （亙鼎）	（129） （137 反） （218）	（法 52） 二十例 （秦 84）	（2675）	（恆宮之印）	（說文） （同竝 說文）	（說文）

許慎《說文解字・卷十三下》：「恆，常也。從心，從舟，在二之間，上下心以舟施恆也。胡登切。古文恆從月。詩曰如月之恆」。許慎說恆從心從舟，然觀甲骨文、金文亙與秦簡恆均不從舟，所從之舟應是月傳抄之訛誤。傳抄古文《汗簡》與《古文四聲韻》所收錄之《說文》字形皆已失原貌。《段氏說文解字注》：

> 「恆常當作長，古長久字祇作長，淺人稍稍分別乃或作下帬之常爲之，故至集韻乃有一曰久也，……此篆轉寫譌舛。既云從月則左當作月不當作夕也，若汗簡則左作舟而右亦同，此不可曉。又按門部之古文閒作閒，蓋古文月字略似外字古文恆直是二中月耳。[註107]」

段氏云：是傳抄訛誤，古文即是從月應當作此月形不該從夕，段氏所言當不知夕即月也。夕、月通用，於以下甲骨文、金文字形裡可看出幾乎同形，均作夕形或於夕字內加一點。月，甲骨文作（甲 225）、（甲 3941）、（乙 6819）、（粹 659）、（掇 240）、（甲 2337）、（2908）、（518），金文作（師旅鼎）、（無重鼎）、（黃韋俞父盤）、（散盤），古陶文作（3.658）、（4.30）、（5.348），先秦貨幣作（21）、侯馬盟書作（16：3），包山楚簡作（12），睡虎地秦簡作（編 14）四百四十例，（日甲 139 背）78 七十八例，楚帛書作（甲 1-5）。許慎《說文解字・卷七上》：「月，闕也。太陰之精，象形，凡月之屬皆從月。角

〔註107〕《段氏說文解字注》，707 頁，民國 74 年 8 月，台北，文化圖書公司。

厥切。」夕 ![夕], 甲骨文作 ![甲](甲 616)、![乙](乙 6673 反)、![鐵](鐵 16.1),
金文作 、,古幣文作 ,睡虎地秦簡作 ![秦](日
甲 71 背) 八例,漢印文作 。許慎《說文解字·卷七上》:「![夕],
莫也。从月半見,凡夕之屬皆从夕。祥易切。」劉心源《奇觚室吉金文述·
卷三》云:

> 「(仲殷父 ![敢]) 夕作月者,古文月夕通用。……,皆用夕爲月。……
> 則用月爲夕。又有从夕之字从月。……說文恆,古文作 ![死]。解云:
> 文恆从月。明明从夕而云从月,許意蓋謂夕即月耳。〔註108〕」

劉心源已明確指陳,古文月夕通用,常有將夕當月,也有用月作夕情形,亦
有將月替代夕旁之字等情況。《說文》古文「亙 ![死]」字从月說,」即是「月」
即「夕其意已明。「亙」爲「恆」本字,《說文》古文「![死]」與竹簡《老子》
之 ![亙]同形,爲六國古文的寫法,加「卜」是裝飾性贅筆,「亙」、「恆」古今字
已明。何琳儀即云:「甲骨文作 ![月](粹 78)。从月,从二,會月在天地間永恆
之意。恆之初文」。〔註109〕又說:「金文作 ,加卜爲飾〔註110〕」。

三、異體字

(一)「失」作「遊」

甲本作 ,乙本作 ,丙本作 。

《郭店楚墓竹簡》注釋〔二八〕:遊,它本均作「失」。此字楚文字中屢見,
皆讀爲「失」,字形結構待考〔註111〕。遊,李若暉在其〈郭店竹書《老子》論
考〉中云:

> 「在戰國文字中有一個「遊」字,過去有很多釋法,趙平安先生根
> 據郭店竹書《老子》甲 11、《老子》乙 6、《老子》丙 11、《緇衣》

〔註108〕收錄於《古文字詁林》第六冊,520 頁,2004 年 10 月,大陸上海,上海教育
出版社。

〔註109〕何琳儀:《戰國古文字典》上冊,135 頁,2007 年 5 月重印第 3 版,大陸北京,
中華書局。

〔註110〕同上。

〔註111〕荊門市博物館:《郭店楚墓竹簡》,114 頁,1998 年 5 月,北京,文物出版社。

18 指出：『這些簡文都可與相應文獻對讀，其中**辈**，它本均作失。』此字應分析从辶从**辈**，**辈**是由甲骨文**辈**演變而來的。**辈**从止从**辈**，而上在**辈**外，本義爲逃逸。因此，「遊」即逸字。劉信芳先生的看法與此不同，其所著《荆門郭店竹簡老子解詁》一書在乙6「得之若纓（驚），遊之若（驚）」下，劉先生注曰：「遊，讀若「亡」，逃亡也。……」。楚系文字「亡」多讀如「無」，故表逃亡必另有其字。……竹書《老子》甲11與丙11皆爲相當於今本第64章之語。其中「爲者敗之，執者失之」一語又見於今本第二十九章。此數句皆以「敗」與「失」韻，「敗」古音月部，「失」「佚」並古音質部，故可相韻。「亡」古音陽部，不得入韻，故可知釋「亡」非是。〔註112〕」

李若暉說：遊字从辶从**辈**，而**辈**來自甲骨文**辈**。**辈**則从止从**卒**，「遊」即是逸字，並指劉信芳釋讀作「亡」非是。曾憲通於《長沙楚帛書文字編》云：

> 「**遊**）（乙1.25）…，此字舊釋爲達，林巳奈夫釋**達**，何琳儀謂『遊乃**達**之繁化，…。』又說『**達**、逆音義均近，故書中遊又可讀爲逆。』按何說甚是。惟從形體考察，逆、**達**當是一字。〔註113〕」

依曾氏所言：「遊林巳奈夫釋**達**」；何琳儀則謂：「遊爲**達**的繁寫」，但是由文字形體觀察，逆、**達**是同一字。何琳儀所舉之**達**是包山楚簡之**徉**（226），从辶，羊聲。《玉篇》進退貌〔註114〕。並說：

> 「**徉**从辶，**辤**聲。疑**達**之繁文。包山簡**徉**（80）讀逆。**徉**、逆形近，銀雀山簡《孫臏》逆作**絆**〔註115〕。」

何琳儀懷疑**徉**是**徉**（**達**）的繁寫。從字形觀之**徉**多一**止**（止）形，何氏尚存懷疑，未予肯定。劉信芳在《包山楚簡近似之字辨析‧考古與文物1996年第二期》寫道：

〔註112〕李若暉：《郭店竹書老子論考》，20-21頁，2004年2月，濟南，齊魯書社。

〔註113〕收錄於《古文字詁林》第十一冊，718頁，2004年10月，大陸上海，上海教育出版社。

〔註114〕何琳儀：《戰國古文字典》上冊，673頁，2007年5月重印第3版，大陸北京，中華書局。

〔註115〕何琳儀：《戰國古文字典》上冊，674頁，2007年5月重印第3版，大陸北京，中華書局。

「遊，簡文作『𢕯』。簡八十：『既發𥳒，𡋭勿遊。』『𥳒』為『節』之異體，『遊』應是『徉』之異體，字或作『佯』。宋玉《風賦》「倘佯中庭」，李善注：『倘佯，猶徘徊也。』簡文謂：『即已發節，捉拿人犯不得拖延。』簡文『遊』還有一用例，簡一四二記一在押人犯脫逃，『遊𧺆（趨）至州遮』，是謂該犯人逃出牢獄後，徘徊（走一走，停一停，行跡可疑）來到州之邊界遮攔處。〔註116〕」

劉信芳認為「𢕯」是「徉」之異體字，又作「佯」，並舉包山楚簡 142 號簡登載之「遊𧺆（趨）至州遮」乃謂在押一名罪犯逃逸，來到州的邊界在遮攔處徘徊之意。

此「遊」字在戰國楚系文字中經常出現，《郭店楚墓竹簡》解釋及多數見解皆認為是「失」字。李若暉說是逸字，何琳儀則懷疑是徉（达）之繁文。曾憲通從文字形體演化觀點說「逆」、「达」當是一字，所說甚是。而劉信芳自有不同見解，認為「遊」應是「徉」的異體字，眾說均有所據，釋為逃脫、逸失、倘佯徘徊意思接近，「逆」字的繁寫亦有可能，真實仍有待考證。

（二）「一」作「𦥑」

《太一生水》第 6 簡至第 7 簡：「是故太一（一6-10）藏於水，行於時，周而或〈始，以己為〉萬物母。𦥑（一𦥑7-4）缺𦥑（一𦥑7-6）盈，以己為萬物經」。「太一」是專名；「一缺一盈」，「一」猶「或」也，《禮記·樂記》：「一動一靜，天地之閒也。」兩者意義，相隔稍遠〔註117〕。

「一」形體從古到今並無改變，弌、𤓰見於《汗簡》和《古文四聲韻》。《說文解字·卷一上》：「一惟初太始。道立於一，造分天地，化成萬物。凡一之屬皆从一。於悉切。弌古文一。」

〔註116〕收錄於《古文字詁林》第十一冊，718 頁，2004 年 10 月，大陸上海，上海教育出版社。

〔註117〕顏世鉉：〈郭店竹書校勘與考釋問題舉隅〉，《中央研究院歷史語言研究所集刊》第七十四本，第四分，639 頁，民國 92 年 12 月。

表 3-3-34

甲骨文	金文	古陶文	先秦貨幣文	古幣文	侯馬盟書	楚簡	睡虎地秦簡	古璽	漢印	石刻篆文	汗簡
一（鐵 148 ・1）	（我鼎）	（2.23）	（36）	（布方・鑄一・晉高）	（16：34 例）	（包山 277）	（秦五一135 例）	（1069）	（楊州理軍一印）	（吳天璽紀功碑）	弌
馬（合集 1169）											

古文四聲韻		
一（古孝經）　弌元　金（竝古老子）		
弌（古尚書）　金（汗簡）		

龘（𦒎），此形體僅見於楚系文字，《說文》未見。鄂君啓舟節作𦒎，鄂君啓車節作𦒎，望山楚簡作𦒎（1・10），天星觀楚簡作𦒎、𦒎（4029），包山楚簡作𦒎、𦒎、𦒎（200）、𦒎、𦒎、𦒎（203）。何琳儀曰：

> 「龘甲骨文作馬（合集 1169）。从羽，能聲。《篇海》『𦒎，蟲名。與𧖤同』。乃之音義均通。《集韻》『𧖤，蜂類。或从虫。』《玉篇》『𧖤，俗能字，𦒎屬。』〔註118〕」

龘讀作一〔註119〕。龘於楚文中多作祭祀用語，劉信芳於《荊門郭店竹簡老子解詁・附錄》中說：

> 「凡「龘禱」之祭主皆爲祭祀者之直系先輩，疑與「宜」祭相類。《爾雅・釋天》：「乃立冢土，戎醜攸行。起大事，動大眾，必先有事乎社而後出，謂之宜。」《周禮・春官・大祝》：「大師，宜乎社，造於祖。」又：「大會同，造乎廟，宜於社。」《禮記・王制》：「天子將出，類乎上帝，宜乎社，造乎禰。」鄭玄注：「類、宜、造祭名，其禮亡。」古代祭祀有等差，是天子祭社稱「宜」，大夫造廟祭祖稱「龘」歟？〔註120〕」

一與龘是讀音相近（似）屬於「異字同義」的異體字。

〔註118〕何琳儀：《戰國古文字典》上冊，77 頁，2007 年 5 月重印第 3 版，大陸北京，中華書局。

〔註119〕見何琳儀：《戰國古文字典》下冊，1609 頁，訂誤，2007 年 5 月重印第 3 版，大陸北京，中華書局。

〔註120〕劉信芳：《荊門郭店竹簡老子解詁》，77 頁，民國 88 年 1 月初版，台灣，藝文印書館。

四、省變或訛變

甲本作 ，乙本作 ，丙本「若」作 。

表 3-3-35　「若![字形]」字形體表

甲骨文	中山王鼎	古陶文	楚簡	睡虎地秦簡
![字形]（205）![字形]（甲 1164）![字形]（694）	![字形]（智天一否）![字形]（及參![字形]亡不一）	![字形]（5·98 古陶文字編）![字形]（陶彙 5.59）	包山![字形]（15）![字形]（70）![字形]（155）![字形]（176）信陽![字形]（1.05）![字形]（1.048）	![字形]（24·27）![字形]（171）

兆域圖	天文漆書	詛楚文	馬王堆	銀雀山漢簡	古文四聲韻
![字形]（死亡一）	![字形]（辰尚一戟）	![字形]（兩邦一壹）	![字形]（五十二病方 243）![字形]（老子甲 58）![字形]（縱橫家書 194）![字形]（孫臏 21）![字形]（相馬經二上）	![字形] 漢帛書 ![字形]	![字形]（古孝經）

高田忠周說：![字形]是![字形]的古文，先有![字形]、![字形]二字，從口，![字形]聲，文字演化到後來![字形]變作若，![字形]亦變作諾，從言，若爲符，並認爲![字形]是古文的諾，

許慎不知其爲假借字，卻收 〔圖〕 在叒部之下以爲籀文〔註121〕。何琳儀則云：

「〔圖〕，甲骨文作〔圖〕（甲205），象人跽以雙手順髮之形。《爾雅·釋
言》『〔圖〕，順也。』金文作〔圖〕（盂鼎），跽形不顯；或作〔圖〕（毛公
鼎），加口爲飾。戰國文字承襲金文。或加〔圖〕、〔圖〕爲飾。或首髮與
雙手分離，上從中。或從二中，遂譌變爲從〔圖〕。《説文》〔圖〕承金文，
籀文〔圖〕承戰國文字，〔圖〕承秦文字，許慎誤析叒、若爲二篆。《説文》
『〔圖〕，日初東方湯谷，所登榑桑、叒木也。象形。（而灼切）〔圖〕，
籀文。』…（一下二十）或釋商周文字釸（〔圖〕）爲『擇菜也』之〔圖〕，
實不可據。〔註122〕」

「若」，於甲骨文作似人跪跽梳理頭髮之形，尚未見從口形，金文盂鼎跪跽之
形已不明顯，何琳儀說：「金文毛公鼎、中山王鼎加「口」或加「〔圖〕」、「〔圖〕」
作〔圖〕、〔圖〕爲裝飾，上似從〔圖〕爲從屮。或從二屮的譌變」。從「口」之「若〔圖〕」
出現於古陶文及秦後文字；吳大澂謂：「古文諾、若通用〔註123〕」。劉心源在
《𠫑鼎·奇觚室吉金文述卷二》亦說：「若即諾之古文。既從口，又從言。於
義爲贅，知諾爲後出字也。〔註124〕」「諾」是後來才出現的字，若爲其古字。
〔圖〕甲骨文作〔圖〕（珠523），金文作〔圖〕（舀鼎），漢印作〔圖〕（田擇諾），《古文

〔註121〕高田忠周：《古籀篇七十九》云：説文〔圖〕……即知〔圖〕〔圖〕爲古文。諾爲後出字，
而〔圖〕若作字之悄無異也。因謂初有〔圖〕〔圖〕〔圖〕二字，如〔圖〕字，從口，〔圖〕聲。
後〔圖〕變作若，〔圖〕亦變作諾。從言，若爲聲。但依鐘鼎古文，凡爲如義之若字，
皆作〔圖〕，無一用若字，蓋古文借諾爲如也。秦漢以後寫經傳者，以〔圖〕〔圖〕相似，
悉改〔圖〕爲若，〔圖〕字遂隱矣。如許書元當作〔圖〕，擇菜也。從艸，從又。又，手
也。〔圖〕，篆文〔圖〕，又〔圖〕，應也。從言若聲。〔圖〕古文諾。許氏叒下卻收〔圖〕爲
籀文，似不知其爲叚借字者，誠可謂千慮一失哉。收錄於《古文字詁林》第
一冊，527頁，2004年10月，大陸上海，上海教育出版社。

〔註122〕何琳儀：《戰國古文字典》上冊，563頁，2007年5月重印第3版，大陸北京，
中華書局。

〔註123〕吳大澂：《説文古籀補·第三》云：〔圖〕，語辭。從口，〔圖〕聲。小篆作諾。從
言，後人所加。舀鼎，〔圖〕象伯戎敦王若曰，古通作〔圖〕。收錄於《古文字詁林》
第二冊，725頁，2004年10月，大陸上海，上海教育出版社。

〔註124〕收錄於《古文字詁林》第二冊，725頁，2004年10月，大陸上海，上海教育
出版社。

四聲韻》作🔣（古老子）。許愼《說文解字‧卷三上》：「諾（🔣），🔣也。从言，若聲。奴各切。」「若」中山王鼎🔣、🔣，兆域圖🔣加🔣或🔣或加口，何琳儀說釋作飾筆。吳大澂已指出：「古文諾、若通用」，劉心源亦說：若即諾之古文。

「若」，甲骨文另有作🔣（990）。唐蘭《金文編‧散盤》謂：

> 「🔣，从艸从又。《說文》訓擇菜殆，即詩苯苡薄言有之，之後世誤
>
> 若爲🔣，而若音義俱晦〔註125〕。」

唐蘭指陳：許愼《說文》將🔣形，釋譯爲从艸从又擇菜是錯誤的，何琳儀亦認爲商周文字🔣（🔣）爲「擇菜也」是不可依據的，🔣形實爲「🔣」字。「若」，郭店楚簡《老子》甲作🔣（1‧1‧38）、《老子》乙作🔣（1‧2‧1）、🔣（1‧2‧4）、🔣（1‧2‧5）、🔣🔣（1‧2‧6）、🔣（1‧2‧7）、🔣🔣（1‧2‧8）、🔣（1‧2‧9）、🔣（1‧2‧11）、🔣（1‧2‧13）、🔣🔣（1‧2‧14）、🔣（1‧2‧15），《老子》丙作🔣（1‧3‧12），《成之聞之》作🔣（9‧35）、🔣（9‧36），《尊德義》作🔣（10‧23）、《語叢四》作🔣（16‧17）、🔣（16‧19）、🔣（16‧20）、🔣（16‧21）悉數均从口形，字形傳承自金文「🔣」形演化而來，字上部「🔣」形貌雖有多種，仍猶可辨，無甲骨文「若（🔣）」「象人跪跽而兩手扶其首」或「梳理頭髮」之狀，傳抄演化已變體。

秦系「若」字演化成🔣形，《說文解字‧卷一下》：「🔣若，擇菜也。从艸右。右，手也。」許愼此🔣形是秦國統一天下併吞六國以後秦漢文字之形。🔣爲「🔣」字，何琳儀及唐蘭已釋示非古文「若」字。高田氏：「🔣的古文是🔣，秦漢以後寫經傳抄者，以爲🔣、🔣相類似，悉數改🔣爲若🔣」說法並不正確。🔣爲「🔣」字〔註126〕；以文字演進觀點，🔣形變爲🔣形應是歷經長期間經過無數傳抄者傳抄訛變的結果。

〔註125〕收錄於《古文字詁林》第一冊，526頁，2004年10月，大陸上海，上海教育出版社。

〔註126〕羅振玉〈增訂殷墟書契考釋〉云：「从又持斷草，是🔣也。散盤有🔣字與此同。古陶文🔣字从🔣。漢驢四朱小方錢驢字亦从🔣。均尚存古文遺意矣。收錄於《古文字詁林》第一冊，540頁，2004年10月，大陸上海，上海教育出版社。

（二）「為」，甲本作 （1‧1‧10）、 （1‧1‧11）、 （1‧1‧13）；乙本作 （1‧2‧3）、 （1‧2‧4）、 （1‧2‧7）；丙本作 、 （1‧3‧11）、 （1‧3‧14），丙本下部有加二橫畫之形。

表 3-3-36　「為 」字形體表

甲骨文	金文						
（乙 1049）　 （後 2.10） （78093）　 （8039）	召鼎 、公益鐘 、弘尊 、曾伯陭壺 、散盤 、召伯簋 、 侯馬盟書 （105.2）、曾侯乙鐘 、中山王 鼎 、郘 鼎 、 、 東周左師壺 、廿七年 、鑄客鼎 、鄂君啓舟節 、酓忎鼎						
楚文字	睡虎地秦簡	秦詔版	小篆	漢印	三體石經	汗簡	古文四聲韻
（帛甲 6-29） （包5） （232）	（日乙 40） （日甲 1 背）	（5.398）					

許慎《說文解字‧卷三下》：「 ，母猴也。其為禽好爪，爪母猴象也。下腹為母猴形為，古文作 （象兩母猴相對形）。」「為」字自甲骨文至金文其造形均似「手牽象」之狀，僅東周楚系文字出現省變簡化成 、 、 形，字形只存手形、象頭、象鼻、象耳，象身則簡化作一彎鉤，象腳則完全省去或以一橫畫或二橫畫表示。郭店楚簡《老子》正處於東周戰國時期，「為」字亦作此形。而秦系及漢印「為」字仍保留著「手牽象」造形。許慎的《說文》古文 （為，象兩母猴相對形）形則未見。三體石經古文、古文四聲韻、汗簡「為」之字形與楚簡《老子》「為」字近似，應是傳抄自戰國楚系文字。

許慎《說文解字》雖說：「 ，母猴也。其為禽好爪，爪母猴象也。下腹為母猴形」。並引王育之說：「爪象形也」。但是，考察甲骨文及金文「為」字

均未見「母猴之形」，應是傳抄訛變。《古文字詁林》羅振玉於《增訂殷墟書契考釋卷中》謂：

> 「[字]爲字古金文及石鼓文並作[字]。从爪，从象。絕不見母猴之。卜辭作手牽象形。知金文及石鼓文从[字]者，乃[字]之變形。非訓覆手之爪字也。〔註127〕」

於此可知「爲」上之爪[字]乃是手[字]的形體。高田忠周亦認「爲」上之爪形即是手。而象、像則是古今字之別，是想像的像，要像就需效仿，效仿像了即是有作爲了〔註128〕。此說雖通，然以字之形體觀之，「爲」字應是人以手牽象代服勞役，引申爲有作爲之「爲」較之妥切。何琳儀即云：

> 「爲，甲骨文作[字]（前5.30.4）。从爪，从象，會人手牽象役使其勞作之意，引申有作爲之意。西周金文作[字]（啟鼎），春秋金文作[字]（曾伯陭壺）。戰國文字承襲春秋金文或省象身，以 ニ、一 代替。齊系文字或作[字]，象頭譌變，且加一贅筆。晉系文字象旁或省作[字]、[字]、[字]。楚系文字象旁或省作[字]、[字]、[字]、[字]……古文由[字]省變，即[字]（三體石經《梓材》）、[字]（《隸續》）、[字]（《說文》古文）。《莊子‧應帝王》『汝又何[字]以治天下感予之心爲？』[字]崔本作爲。[字]上與爲之古文吻合，巾則象身之變。戰國文雨子『爲』，多爲動詞，猶作、造。《爾雅‧釋言》『作、造、爲也。』或爲介詞，猶被、替、或爲連詞，猶與。」〔註129〕

因此可知，甲骨文、西周金文「爲」字皆似手牽象之形。戰國郭店楚簡《老子》「爲」字甲本作[字]（1.1.10）形、丙本作[字]（1.3.14）形仍傳承自春秋金文之省形，存留爪（手）形，象身則存長鼻子、大耳朵及彎勾脊椎，四肢省卻或以 ニ、一 代替，字形顯然省變。

〔註127〕 收錄於《古文字詁林》第三冊，337頁，2004年10月，大陸上海，上海教育出版社。

〔註128〕 高田忠周：《古籀篇六十一》云：「愚謂爲字元从爪从象，爪即手也。象像古今字。韓非子曰：人希見生象，而按其圖以想其生，故諸人之所以意想者，謂之象。廣雅，象，效也。效者仿也，仿而象之，即作爲也。」收錄於《古文字詁林》第三冊，337頁，2004年10月，大陸上海，上海教育出版社。

〔註129〕 何琳儀：《戰國古文字典》下冊，837、838頁，2007年5月重印第3版，大陸北京，中華書局。

五、同字異形

（一）「者」字異形

竹簡《老子》甲本作 ![字形]、![字形]（1‧1‧11），上部 ![字形] 右斜筆覆蓋並拉長向內包勾，下部 ![字形] 似从「千」从「口」形；乙本作 ![字形]、![字形]（1‧2‧3）；丙本作 ![字形]、![字形]（1‧3‧10）。乙丙本上部 ![字形] 右斜筆（第二筆）接於第一筆筆畫內作一短斜畫，下部 ![字形] 似从「八」从「古」形，甲乙丙本「者」字相近似；另外，甲本 ![字形]（1‧1‧37）形則完全與前述各形不同，為同字異形。

（二）上下文同字同義異形狀況

在戰國楚竹書裡經常出現「意義相同形體迥異」的字形。此種字形有別於「異字同義」，它是不同的「異形字」卻表示同一個詞彙的狀況，為「同一個字不同構形」的「同字同義而異構」的字形。

「同字同義異形」的情況出現在《老子》甲本「美 ![字形]![字形]、![字形]![字形] 和奇 ![字形]![字形]、![字形]」，分述如下：

1. ![字形]（美![字形]）與 ![字形]（美![字形]）

於《老子》甲本第15簡「天下皆知 ![字形]（美![字形]15-12）之為 ![字形]（美![字形]15-15），惡已。」

此處「美」有二形略為不同，一個从「![字形]」、从「女」（![字形]15-12），另一個从「![字形]」、从「女」（![字形]15-15）。《說文解字‧卷四上》：「![字形]，甘也。从羊，从大。羊在六畜，主給膳也。美與善同意。」

表3-3-37　「美」字形表

甲骨文	金文	楚簡《老子》	古璽	漢印	汗簡	古文四聲韻	籀韻
![字形] （甲686）	![字形] （美爵）	![字形] （甲15-12）	![字形] （5‧184）	![字形] （美陽丞印）	![字形] （美並見尚書）	![字形] （古老子）	![字形]
![字形] （摭續141）	![字形] （中山王![字]壺）	![字形] （甲15-15）				![字形] （古尚書）	
		![字形] （乙4-19）					

　　由上表觀之，「美」於汗簡、古老子、古尚書、籀韻皆作从女、从光、从
夊形，可與郭店《老子》甲本之「美」字形相近並可互爲對應，而與《說文》
美，从羊、从大字形迥異。侯馬盟書亦有从夊 **𦍋**（324）形。何琳儀說：「光，
甲骨文作 **𦎫**（合集 2833），象人戴羽毛飾物之形。 **𦍋**（美）、**𦎫**（光）僅正
面側面之別，實乃一字之變。二字均屬明紐脂部，音義兼通。〔註 130〕」又說：
「《集韻》『嫐，通作美。』《周禮・地官・師氏》『掌以嫐詔王』，疏『嫐，美
也。〔註 131〕』《說文解字・卷十二下》：「媄，色好也。从女，美聲。」《段氏
說文解字注》：「媄，《周禮》作嫐，蓋其古文〔註 132〕。」美、光爲同一字分
化作二形。《老子》乙本第四簡：「美與惡相去幾何？」之「美」作光（**𦍋**4-19）
形是一例證。《說文》有美無光，光見散之偏旁。散甲骨文作 **𢼜**（京都 2140）。
从夊，光聲。典籍通作微。金文作 **𢼜**（牆盤）、**𢼜**（名尊）、**𢼜**（散盤）。戰
國文字承襲金文。〔註 133〕《說文解字・卷八上》：「**𢼜**，妙也。从人，从夊，
豈省聲。無非切。」可見从光、从夊之 **𦍋** 與从光、从女之 **𦍋** 均是「同字同
義異形」的「美」字。《老子》丙本第 7 簡亦有二例「美」形：「恬淡爲上，
弗美也。美之，是樂殺人。」之「美」作（**𦍋**7-11）及（散**𦍋**7-13）形，散
左下作口形。

　　《緇衣》：「好「**𡥀**」如緇衣，惡惡如巷伯」。《禮記・緇衣》：「好「賢」
如緇衣，惡惡如巷伯」。「**𡥀**」爲「嫐」的省文。《汗簡》以「嫐」爲「美」。《集
韻・旨韻》：「嫐，善也。通作美。」錢大昕《十駕齋養新錄》卷二：「嫐，古
美字。」廖名春認爲「**𡥀**」、「賢」義近，故可通用。〔註 134〕

2. 戠**𦎫**（奇）與戠**𦎫**

　　在《老子》甲本第 29 至第 31 簡「以正治邦，以戠（**𦎫**29-23）用兵，以

〔註 130〕何琳儀：《戰國古文字典》下冊，1305 頁，2007 年 5 月重印第 3 版，大陸北
　　　　京，中華書局。
〔註 131〕何琳儀：《戰國古文字典》下冊，1305 頁，2007 年 5 月重印第 3 版，大陸北
　　　　京，中華書局。
〔註 132〕《段氏說文解字注》，642 頁，74 年 8 月 5 日再版，台北，文化圖書公司。
〔註 133〕見何琳儀：《戰國古文字典》下冊，1305 頁，2007 年 5 月重印第 3 版，大陸
　　　　北京，中華書局。
〔註 134〕參見廖名春：〈荊門郭店楚簡與先秦儒學〉，刊載於《郭店楚墓竹簡研究》，40
　　　　頁。

亡事取天下。……人多知天〈而〉（奇31-3）物滋起。」

　　二例「奇」字形略有差異，一例從奇、從戈（）一例從可、從戈（），可上省大形。《說文解字・卷五上》：「奇，異也。一曰不耦。從大，從可。渠羈切。」

　　「奇」包山楚簡作形，先秦或秦漢未見從奇、從戈或從可、從戈「奇」之形體；《古文四聲韻・汗簡》之形爲「其」通假字。《郭店楚墓竹簡》將此「同字同義異形」二字形識讀爲「奇」〔註135〕。

表 3-3-38　「奇」字形表

古陶文	先秦貨幣文	古幣文	睡虎地秦簡	楚簡	古璽	漢印	石刻篆文	古文四聲韻
（5・93）	（19）	（布方・奇氏・晉高）	（法161七例）	（郭甲29-23） （郭甲31-3）	（1680）	（趙奇印）	（禪國山碑）	（道德經）
	（23）			（包2.75）				（汗簡）

六、簡文所從的意符的意義

　　《老子》丙本第8至10：「故吉事上左，喪事上右。是以偏將軍居左，上將軍居右，言以以喪禮居之也。故【殺人眾】，則以哀悲涖之；戰勝則偶喪禮居之。」

「喪」字均作從「死」、「桑」聲。「喪事」、「喪禮」、「居喪」均與「死亡」之事相關，故加上死字，多作「桑」，或加「亡」，做爲表意的意符。

　　《老子》甲本第36簡：「貴（36-3）（得）與貧（36-5）（亡），孰病？甚愛必大費（36-12）（費），厚費（36-14）（藏）必多貧（36-17）

〔註135〕見荊門市博物館：《郭店楚墓竹簡》，113頁，1998年5月，北京，文物出版社。

（亡）。」其中「得」、「亡」、「藏」、「費」均从意符「貝」。貴（得＊36-3）
應是包山簡＊（180）的省形，《集韻》謂：「＊，蓄財。〔註136〕」＊，可
讀作「持」，與「得」之義相近。總而言之，「以音求義，不限形體」雖是此
類通假字是以音爲主，但它又从具有特別表意作用的意符，以增強文意。

　　以今視昔，假借字是「錯別字」。然，眾所週知文字是經由長時間約定俗
成慢慢累積孳乳演進而來，以戰國當時烽火頻仍群雄割據各自爲政時期，文
字使用紊亂，音、義近似假借是當時約定俗成的共識，也是古代文字不敷使
用，解決表意變通的方法，此種現象普遍而正常，可以從出土典籍文書資料
中得到印證。

七、造形獨異的「弗」字

　　竹簡《老子》甲本作＊（1.1.12）形，此「弗」字造形寫法獨異，於歷代
文字中找不到相對應的形體。此「弗（＊）」字形體似已訛變，其「弓」形，
左豎畫反向書寫置於「弓」形之外，右豎畫於「弓」形第一轉折處斜出，將
篆書草寫流暢而自然，或可謂「篆草（篆書草寫）之濫觴」，應是傳抄出現訛
變。與之形體較相近的「弗」字有《性自命出》的＊（11.47）形與《成之聞
之》的＊（9.24）形，「弓」形末筆拉長，加圓點飾筆爲楚系文字所常見，如
「不」字等，＊形應是由＊形的傳抄速寫所訛變之形；丙本作＊（1.1.14）
形，此形傳承自商周文字，爲一般熟悉的篆形。

第四節　《老子》與《太一生水》

　　1993 年秋，於湖北省荊門市沙洋縣紀山鎮郭店一號楚墓出土之禮器、樂
器、車馬器、喪葬器、生活用器及竹簡等眾多隨葬物中，以 8 百餘枚竹簡最
引人注目。這批竹簡不同於包山楚簡作爲隨葬遣冊，經整理確定爲十六篇戰
國中晚期的文獻典籍，其中屬於儒家典籍有十四篇；道家典籍二篇。而這二
篇道家典籍文獻分別是《老子》（甲、乙、丙）與《太一生水》。

〔註136〕何琳儀：《戰國古文字典》上冊，46 頁，2007 年 5 月重印第 3 版，大陸北京，
　　　　中華書局。

　　《太一生水》篇名為整理者據簡文所擬加，為一篇 2 千多年前先秦珍貴佚籍文獻，簡文所說的「太一」既是先秦時期所指稱的「道」。主要論述「宇宙生成論」及「太一」與天、地、四時、陰陽的關係，是一篇道家極其重要的一篇著作。據出土報告竹簡共存十四枚，兩端齊平，簡長 26.5 厘米，上下有二道編線，編線間距 10.8 厘米。篇末有篇號，作墨塊；篇中有句讀號，作短橫；有重文、合文號，均作二短橫。

　　《太一生水》簡長與《老子》丙本均為 26.5 厘米，上下二道編線亦等距均為 10.8 厘米，而《老子》甲本與乙本二道編線則均為 13 厘米。據荊門市博物館《郭店楚墓竹簡》稱：「其形制及書體均與《老子》丙相同，原來可能與《老子》丙合編一冊。〔註137〕」

　　《太一生水》與《老子》既然同為郭店楚墓竹簡十六篇典籍中僅有的二篇道家重要文獻典籍，又可能與《老子》丙合編在一冊，因此，其關係即有必要且值得加以探討。

　　李學勤指出：「《太一生水》章在思想上與《老子》殊有不同，只能理解為《老子》之後的的一種發展。」〔註138〕且荊門郭店楚簡《老子》與今本《老子》不屬一系，他說：「荊門郭店楚簡《老子》可能係關尹一派傳承之本，其中包含了關尹的遺說。〔註139〕」（關尹為老聃的弟子）。

　　邢文則說：

〔註137〕荊門市博物館：《郭店楚墓竹簡》，125 頁，1998 年 5 月，大陸北京，文物出版社。

〔註138〕李學勤：〈荊門郭店楚簡所見關尹遺說〉：太一生水，水反輔太一，…是萬物母…。這段話顯然是對《老子》（王弼注本）第四十二章的引申解說，該章說：「道生一，一生二，二生三，…。」太一生水，是道生一；水輔太一而成天，是一生二；天又反輔太一而成地，是二生三。天地相輔，于是成神明、陰陽、四時、寒熱、濕燥，所以太一是萬物母。此語襲自《老子》第一章「萬物之母」。太一生水這一章晚於傳世本《老子》各章，證據是「太一」一詞在《老子》中並未出現，《老子》不少地方講「一」，如第十章…，卻不見「太一」同樣，《老子》很推尚水，如第八章「上善若水」，…，但也不曾有「太一藏於水的觀點」。收錄於《郭店楚墓竹簡研究》，161 頁，1999 年 1 月，大陸瀋陽，遼寧教育出版社。

〔註139〕收錄於《郭店楚墓竹簡研究》，164 頁，1999 年 1 月，大陸瀋陽，遼寧教育出版社。

　　第一、郭店楚簡《太一生水》與丙組《老子》不是合抄的兩篇文獻，
而是內容連貫的一篇文獻。

　　第二、「《太一生水》與丙組《老子》」這篇文獻是郭店《老子》的一
個部分，其內容與郭店「甲組《老子》」相近，與「乙組《老子》」
較遠；其排序應該是《太一生水》在前、丙組《老子》在後；丙組
《老子》簡文的拼接，應按已發表整理簡號的如下順序排列：1、2、
3、6、7、8、9、10；4、5、11、12、13、14。

　　第三、不論《太一生水》在郭店《老子》中是否用以取代今本《老子》
的以「一」論道之說，郭店《老子》不傳今本《老子》最有代表性的
一些學說表明：郭店《老子》與今本《老子》不屬一系。〔註140〕

李學勤與邢文所說或許甚是，但是，不可否認的現實問題，早在荊門市博物
館考古工作人員在沙洋縣紀山鎮進行搶救性清理發掘郭店一號楚墓前，該墓
即「數經盜擾」〔註141〕。雖然後來發掘尚存8百餘枚竹簡，然則實際遭盜數
量不明，以竹簡《老子》而言，李存山就說：「簡文全部加起來，只相當于現
今傳本文字的五分之二。因楚墓曾數經盜擾，原簡文損失的情況尚不能確定。
〔註142〕」因此，郭店楚墓竹簡實際簡數可能不只8百餘枚，這僅存的8百餘
枚竹簡無法代表十六篇典籍原本樣貌。但是，不論郭店楚簡《太一生水》與
《老子》丙組是否為內容連貫的一篇文獻或者郭店《老子》與今本《老子》
不屬一系，郭店楚墓《老子》為最古老版本與《太一生水》均是先秦道家重
要文獻，且皆為筆寫墨跡之真跡書法，對瞭解認識先秦文字書寫狀況、形體
流變及書法特性等極具意義。

　　荊門市博物館出版的《郭店楚墓竹簡》指陳《太一生水》在形制及書體
上都和《老子》丙相同，原來可能是編聯在一起的簡冊〔註143〕。以下列表3-4-1
舉幾個相同的字形做比對分析：

〔註140〕收錄於《郭店楚墓竹簡研究》，182頁，1999年1月，大陸審陽，遼寧教育出
　　　　版社。
〔註141〕荊門市博物館：《郭店楚墓竹簡》1頁，1998年5月，大陸北京，文物出版社。
〔註142〕收錄於《郭店楚墓竹簡研究》，187頁，1999年1月，大陸審陽，遼寧教育出
　　　　版社。
〔註143〕荊門市博物館：《郭店楚墓竹簡》125頁，1998年5月，大陸北京，文物出版
　　　　社。

表 3-4-1　　《太一生水》與《老子》丙同字舉偶

太一	大	道	天	也	而	者	於	足	之所	成	然
	(1-7)	(9-2)	(9-1)	(10-3)	(10-4)	(14-1)	(14-3)	(14-7)	(5-11)	(11-19)	(2-22)	(3-8)
老子丙	大	道	天	也	而	者	於	足	之所	成	然
	(3-2)	(3-1)	(3-4)	(5-6)	(6-3)	(11-3)	(8-4)	(5-15)	(13-16)	(12-18)	(12-18)	(2-20)

　　出土楚簡筆寫書跡均有手寫特徵向右上傾斜、線條粗細及字形大小狀況，《太一生水》與《老子》丙亦同。觀察以上同字舉偶比較，字形表後二字形體明顯不同，「成」字《老子》丙作 形，《太一生水》 少左豎撇、短橫劃置於戈上（圓圈處）；「然」字《老子》丙不從火，作「 」形；《太一生水》從火，作 形。

　　「大」、「道」、「天」、「也」、「而」、「者」、「於」、「足」、合文「之所」、「事」文字形體、結字雖然相似，但是細觀仍有差異：

一、「大」字

　　二者均作斷開，《太一生水》 字形偏長，第 3、4 筆等高；《老子》丙 偏扁，第 3、4 筆不等高。

二、「道」字

　　《太一生水》 彳形占全字三分一，撇劃較短，首形起筆圓頓偏長；《老子》丙 彳形占五分之二寬，撇劃較長。

三、「天」字

　　《太一生水》 字形偏長，二人形交接點上、下垂直重疊，第 1 撇劃收於全字中段，底部開角較小；《老子》丙 字形方正，二人形交接點向右下上、下錯開重疊，第 1 撇劃收於全字下段，第 1 捺劃肥重帶有隸書筆意，底部開角略大。

四、「也」字

《太一生水》![也]第2筆收筆貼疊於第1筆（圓圈處），第3筆起筆與彎鉤在同一垂直線上，收筆出現隸書筆意；《老子》丙![也]第1、2收筆分離，第3筆起筆偏左，彎鉤與折筆在同一垂直線上。

五、「而」字

《太一生水》![而]較富變化，4筆垂線底部不等長，左側3筆垂線較等長、等距，右側垂線甚短，間距偏大；《老子》丙![而]4條垂線接近等長，間距亦等寬。

六、「者」字

《太一生水》![者]字形偏長，中鋒用筆，右斜筆起筆重按圓頓（圓圈處）；《老子》丙![者]字形方正，側鋒用筆，右斜筆尖細，口形第1、2筆分離不銜接。

七、「於」字

《太一生水》![於]字形偏長，呈左上右下傾斜，右上與左下空白，二橫線偏短（圓圈處）；《老子》丙![於]字形較方正，重心集於中段，上下留空，左撇側鋒起筆尖入並做回鉤（圓圈處）帶筆。

八、「足」字

《太一生水》![足]口（凵）形第1筆垂直而下再右挑，第2筆略向右下再左行銜接，右斜筆與底部橫劃幾近等長（圓圈處），用筆較深，線條粗重；《老子》丙![足]口（凵）形第1、2筆皆向左下行，右斜劃明顯短於底部橫劃，用筆較淺，線條輕細。

九、「之所」

二者均作合文，《太一生水》![之所]橫線較斜，上段「之」形直劃與右斜劃交叉（圓圈處），「戶」形末筆上鉤且底部留空（圓圈處），「斤」形筆劃平行；《老子》丙![之所]橫線斜度小，作覆式弧線，上段「之」形直劃與右斜劃未作交叉，「戶」形末筆向左下平出，底部填滿（圓圈處），「斤」形向轉折點緊靠（圓圈處）。

十、「事」字

　　《太一生水》⬚字形略呈左高右低，右上左下留空，中段框內橫線作短橫（圓圈處），上段彎形接點與下段手形接點在同一垂直線上；《老子》丙⬚字形呈梯形，左上與左下留小空，中段框內橫線偏長並作覆式，下段「手」形中筆亦作覆式（圓圈處），上段彎形接點近於中央，與下段手形接點極偏右側錯開。

　　經以上比較分析結果，二者皆豐富變化性，《老子》丙字形較沈穩，《太一生水》較具動勢，二者用筆、結字與書寫習慣完全不同，書手顯然不是同一人。

《太一生水》第 5 簡，23 字。	《老子》丙本第 13 簡，23 字。
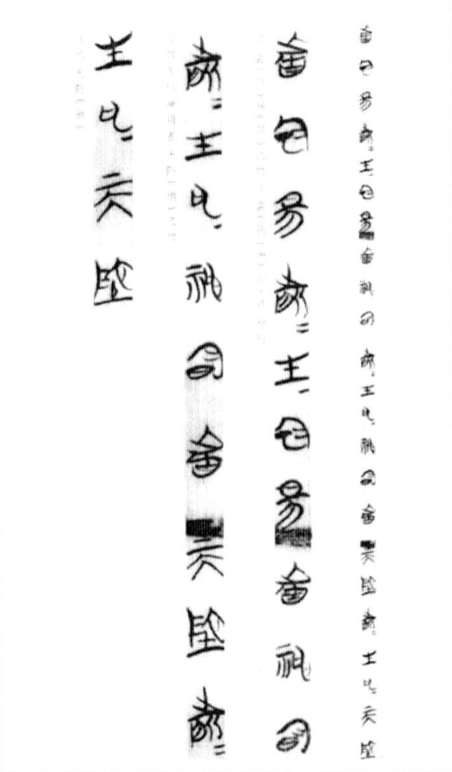	

圖 3-4-1（「單簡放大」圖）

　　《太一生水》簡長與《老子》丙本簡長相等，且二者均存 14 枚；《太一生水》單簡多者 24 字，少者 14 字，共有 282 字，缺損 3 字不清；《老子》丙本單簡多者 23 字，少者 7 字共 266 字，4 字損壞不清。

　　《老子》丙本雖然少《太一生水》15 字（含缺損字），然檢視圖版竹簡，二者均有斷損情形，且殘餘字數不一，《老子》丙本斷損較嚴重，且只 1、2、3、5、8、13 號等 5 簡完整，而《太一生水》斷損較輕，有 2、3、4、5、7、10、11 號等 7 簡完整。二者各簡字距較密或較疏皆有。

　　以上圖 3-4-1《太一生水》第 5 簡和《老子》丙本第 13 簡均有 23 字爲例作比較：二者簡長一樣，字數一樣，放大之圖版（左側）《老子》丙本字距看似較大，緣於原簡（右側）平均放大成三等分，《太一生水》僅放大二又二分之一之故。《太一生水》第 5 簡和《老子》丙本二者上下有二道編線，編線間距 10.8 厘米。第一道編線前、第二道編線後都各有 7 字，二道編線之間各 9 字，二者字距都約在 0.3 至 0.7 公分之間，平均約 0.5 公分左右。

表 3-4-2（也字表）

太一	也	也	也	也	也	也	也	也	也	也	也	也
	2-1	2-10	2-19	3-3	3-12	3-21	4-10	4-18	5-13	5-21	6-6	10-3
老子丙	也	也	也	也	也	也	也	也	也			
	2-9	2-21	5-6	5-21	7-12	9-15	11-18	12-13	12-19			

　　考察「也」字（表 3-4-2），《太一生水》和《老子》丙本「也」字第 3 筆多數入筆處尖細，轉折處粗重，毛筆自左上向右下著簡滑入，再折筆向下行進作彎勾，形成同一筆劃有折、有轉狀況，甚爲特殊，收筆偶有隸書筆意。

　　二者字形乍看神似難辨，然細觀可見，《太一生水》「也」字第 1 筆轉折點低於字形二分之一，第 3 筆彎鉤弧線不大；《老子》丙本「也」字第 1 筆轉折點高於字形二分之一，第 3 筆彎鉤已作半圓弧線甚大，書寫習慣動作仍然有別。

表 3-4-3（大、不字表）

太一	大	大	大	大	大		不	不	不	不	不
	1-1	1-7	1-15	6-2	6-9		7-17	8-1	8-7	12-18	14-6
老子丙	大	大	大	大			不	不	不	不	不	不
	1-1	2-23	4-2	4-12			1-21	2-2	3-9	4-8	5-9	5-14

　　《太一生水》與《老子》丙本「大」字表（表3-4-3），第1、2筆一組，呈現左低右高，第3、4筆一組，二組均有銜接或不接連狀況，第2筆向右上方微彎、第4筆直線劃出；「不」字，除《太一生水》有二例多短橫飾筆外，其餘含豎劃均無作短橫或圓點飾筆，末筆豎劃微向左彎。

　　二者字形相似，分析比對，「大」字《太一生水》第1、2筆左粗右細，佔不及字形一半，第3、4筆較長，佔大於字形一半，二筆開角較小；《老子》丙本第1、2筆粗細均等，與第3、4筆各據字形一半，開角較大。「不」字《太一生水》「乂」形左低右高落差較大，收筆偏低，佔字形三分之二，豎劃偏右；《老子》丙本「乂」形高低落差較小，收筆偏高，約佔字形二分之一，豎劃偏中間。

　　「之」字《太一生水》僅二例，四筆劃與《老子》丙本各例之傾斜度幾乎相近；《太一生水》入筆尖銳，橫劃左輕右重；《老子》丙入筆頓重，中豎側鋒用筆明顯，橫劃勻稱。

　　「成」字《老子》丙本二例，第二例多左豎撇、橫劃移置壬上不同外，與《太一生水》均作從壬從戈之形。

表3-4-4（之、成字表）

太一									
8-14	10-6			1-11	1-19	2-4	2-13	2-22	3-6
老子丙									
1-6	1-11	1-15	1-19	7-5	7-14	2-10	12-18		

表3-4-5（又（有）、右、而字表）

太一									
14-2	14-11			4-1	6-18	10-4	10-11	11-12	12-5
老子丙									
1-5	2-1	3-4	3-12	3-18	6-11	2-14	4-7	5-17	6-3	7-3	14-4

「又（有）」字《太一生水》 行筆方向似由左至右上，中筆由左上往中下；《老子》丙本 則由右上至左下行筆，中筆由左往右下。

「而」字《太一生水》 「ㄇ」形四筆收筆作外短內長呈 U 字形；《老子》丙本 「ㄇ」形四筆收筆幾近等低，橫劃較傾斜，呈現左低右高形態，一例作短橫飾筆。「又（有）」與「而」字二者書寫習慣有別。

表 3-4-6（於、之所（合文）字表）

太一	6-12	6-15	9-13	9-16	13-12	14-4	4-8	4-16	5-4	5-11	6-4	7-21
老子丙	8-4	12-15						13-16		5-19	7-16	8-6

「於」字《太一生水》 右側「人」旁接筆未歧出，撇劃直接穿過左側偏旁寫法甚爲特殊，亦有二例分開寫如 形（圈處）；《老子》丙本 右側「人」旁接筆歧出，左右二撇劃前段彎曲。

「之所（合文）」《太一生水》9 例 ，左側「戶」形末筆作帶筆回鉤，右側「斤」形間距均勻；《老子》丙本僅一例， 「之」形豎劃微曲，左側「戶」形末筆尖出，右側「斤」形轉折處接併，橫劃彎曲作覆筆。二者字下均作二短橫重文號。

彭浩認爲：「…《老子》丙組與《太一生水》出于同一抄手，此人與《老子》甲組與乙組的抄手不是同一人。〔註144〕」艾蘭於「郭店楚簡國際學術研討會」亦說：「《老子》丙組與《太一生水》書體相同〔註145〕」，眾說分歧未有定論，而以書法角度審視分析，是可以較明確將不同書寫者清楚區分出來的。

郭店楚簡《太一生水》與《老子》丙本皆爲道家重要典籍，無論其「竹簡形制及書體相同，原來可能合編一冊」或者「不是合抄的兩篇文獻，而是內容連貫的一篇文獻」，就以上同字舉偶，從單字比對觀察，二者書寫習慣有別，儘管造形外貌相似，但經分析細究書手不是同一人（詳見第四章第四節）。

〔註144〕邢文：《郭店老子與太一生水》，91 頁，2005 年 7 月，大陸北京，學苑出版社。
〔註145〕艾蘭：〈太一・水・郭店老子〉，《郭店楚簡國際學術研討會論文集》，526 頁，2000 年 5 月，大陸湖北，湖北人民出版社。

第五節 標誌符號與文字造形

一、標誌符號

　　所謂標誌符號，是指以某種符號形式作爲表示文章之句讀或段落之意，它的使用猶如現今文章寫作所用的「標點符號」。郭店楚簡《老子》甲、乙、丙本裡標誌符號的使用形式有 Z 鈎形、一短橫、二短橫、墨釘（塊）（如圖表一）等四種，原則上用以表示篇章、句讀、文字重復及上、下二字合體之意。但是由於傳抄的書手（書寫者）習慣、學養不同，這四種形式之標誌符號所要表達的意義及出現的次數均不相同，竹書篇章裡所使用的標誌符號亦非以上四種形式都使用，在各種標誌符號的使用尚無一定準則，並未如「標點符號」有一定制式規範。

表 3-5-1

	Z 鈎形	一短橫	二短橫	墨釘（塊）
形式				
作用	篇號：標示文章大部分內容結束	標示句讀 標示重文或缺文	標示重文 標示合文	標示章號 標示句讀
位置	該篇末字右下	該句末字右下 該重文或缺文字右下	該重文字之右下 該合文字右下	該章或該句末字右下

　　由（表 3-5-1）觀察，除了「Z 鈎形」符號代表該篇結束，於篇末字右下作 符號後不再寫字外，其餘 、 、 等三種形式均各有二種不同之涵意，且其涵意均有重疊狀況。

表 3-5-2

竹簡《老子》 ＼ 類別	Z 鈎形	一短橫	二短橫	墨釘（塊）	簡數	字數
甲本	2	13	16	18	39	1072
乙本	無	18	6	4	18	374
丙本	無	4	2	4	14	266
合計	2	35	24	26	71	1712

　　竹簡《老子》甲、乙、丙本各種標誌符號統計共 87 個，詳如（表二）。其中簡文字數統計，未包含標誌符號與重文號所標示的重出字，亦未包含缺漏字。

（一）Z 鈎形作 ﹀ 形：用以表示該文章大部分內容結束。

　　Z 鈎形標誌符號，2 次均出現在甲本，分別於第 32 簡及第 39 簡；其中第 32 簡『我谷不谷，民自樸』後的鈎識似爲文章結束的標識。〔註146〕

（二）一短橫作 ▬ 形：用以標示句讀、缺文或重文之符號。

1. 甲本

　　出現一短橫共 13 處，分別於：第 6 簡 1 個、第 7 簡 2 個、第 8 簡 3 個、第 9 簡 4 個、第 12 簡 1 個、第 26 簡 1 個、第 27 簡 1 個。用以區分段落者 1 處。標示缺文者 1 處，於第 8 簡「…是胃果而不強其（第 7 簡）事好__長古之善爲士者…」，與通行本核對「好」字下應有「還」字。其餘 11 處表示句讀，均在句末。

2. 乙本

　　出現一短橫共 18 處，分別爲：第 2 簡 5 個、第 4 簡 2 個、第 5 簡 1 個、第 6 簡 1 個、第 7 簡 1 個、第 8 簡 1 個、第 11 簡 1 個、第 13 簡 1 個、第 14 簡 4 個、第 15 簡 1 個；用以標示重文者 5 處，於第 2 簡「…莫＝知__其__恆__可以有__國__之母可以長…」；聶中慶曰：「表示缺文或重文者 1 處，於第 6 簡「…寵辱__纓…」，根據帛書本及通行本「辱」字下應有「若」字」〔註147〕，設若表示重文，則呈現以「辱」假「若」狀況；表示句讀 1 處，其餘 11 個置於句末。

3. 丙本

　　出現短橫共 4 處，分別於：第 11 簡 1 個、第 12 簡 2 個、第 13 簡 1 個，均置於句末。

（三）二短橫作 ▰ 形，用以標示重文或合文之符號。

1. 甲本：

　　共出現 16 處，分別於：第 12 簡 1 個、第 13 簡 1 個、第 14 簡 1 個、第

〔註146〕荊門市博物館：《郭店楚墓竹簡・老子・甲》，67 頁，2002 年 10 月，大陸北京，文物出版社。

〔註147〕聶中慶：《郭店楚簡老子研究》，44 頁，2004 年 2 月，大陸北京，中華書局。

19 簡 1 個、第 20 簡 2 個、第 22 簡 3 個、第 23 簡 3 個、第 24 簡 1 個、第 27 簡 2 個、第 33 簡 1 個；其中表示重文的有 14 處；重文符號贅加 1 處，於第 27 簡「和其光同其塵＝銼其銳解其紛」；1 處表示合文符號，於第 12 簡「復眾之所＝過」，此處「之所」二字各自獨立並未合文，爲抄寫者所誤加。

2. 乙本

作二短橫共 5 處，分別於：第 2 簡 2 個、第 3 簡 1 個、第 9 簡 1 個、第 15 簡 1 個；表示合文符號者有 2 處，1 處於第 5 簡「人之所＝畏亦不可不畏」，另 1 處於第 16 簡「子孫＝」；其餘 4 次皆表示重文。

3. 丙本

出現 2 次。1 處表示合文，於第 13 簡「學不學復眾之所＝過」；另 1 處爲表示重文，於第 4 簡「執大象而天下往＝而不害」。

4. 使用重文符號是文字抄寫者遇重複字省時便捷的方式，假若有疏忽未予加註則會造成脫文情況，如甲本第 13 至 14 簡：「夫亦將知＝足〔＝〕以靜，萬物將自定。」誠然，抄寫者爲求便捷遇重複字皆以重文符號作表示，但是此一模式並非絕對，如甲本第 37 簡至第 38 簡：「持而盈之，不不若已。」重複第二「不」字即未省略改用重文符號。

（四）墨釘（塊）作■形：用以標示章號或句讀之符號。

1. 甲本

出現墨塊共 18 個，分別於：第 1 簡 3 個、第 2 簡 2 個、第 10 簡 1 個、第 14 簡 1 個、第 15 簡 1 個、第 18 簡 1 個、第 19 簡 1 個、第 20 簡 1 個、第 23 簡 2 個、第 24 簡 1 個、第 29 簡 1 個、第 35 簡 1 個、第 37 簡 2 個；，均置於句末。其中第 10 簡：「孰能濁以靜（第 9 簡）者將徐清■孰能安以動者將徐生」之墨釘（塊），聶中慶認爲似短橫之誤〔註 148〕。

2. 乙本

出現墨塊共 4 處，分別於：第 2 簡 1 個、第 3 簡 1 個、第 8 簡 1 個、第 15 簡 1 個；均置於句末 3 處；置於句中 1 處，於第 2 簡：「是以早備是謂…〔缺文〕（第 1 簡）不＝克■則莫＝知＿其＿恆…」，此處墨釘（塊）應解爲重文符號。〔註 149〕

〔註 148〕聶中慶：《郭店楚簡老子研究》，44 頁，2004 年 2 月，大陸北京，中華書局。
〔註 149〕聶中慶：《郭店楚簡老子研究》，44 頁，2004 年 2 月，大陸北京，中華書局。

3. 丙本

出現墨塊共 4 處，分別於：第 3 簡 1 個、第 5 簡 1 個、第 10 簡 1 個、第 14 簡 1 個；均置於句末。

二、文字造形

郭店楚簡文字形體屬於古文篆書，爲秦兼併後所禁用的楚系文字，它與秦系文字雖然皆傳承自商周，但因地域文化風情不同，所發展呈現的書法造形及用字秦、楚各異。楚系文字形體奇特用字難識，設若漢字由楚系所傳承，相對秦系文字生澀狀況亦當如是。竹簡《老子》的文字造形與早期（指在近幾十年來戰國簡、牘、帛書不斷出土之前對篆書的認知而言）一般所熟知刻、鑄篆書（包含大、小篆書）不同，最大不同在於它是筆寫眞蹟，它的字形左、右不一定對稱、等長或等高，橫畫不是水平，豎畫也不是筆直；用筆不一定是中鋒，側鋒、露鋒…皆有，線條粗細變化甚鉅，充分表現毛筆書寫特性，字形、線條顯得率性自然，可謂筆法無定式，然而其文字造形卻不失樸拙、自然。

在簡、牘、帛書出土之前，所能見到的篆書幾乎皆是以規整一類的刻、鑄於金石器銘之文字爲主流，它的用筆大多筆筆是中鋒，左、右筆畫精確、嚴謹對稱且等長、等高、等距，線條勻淨粗細變化不大（而出土的簡、牘、帛書筆寫墨跡及商周、春秋、戰國鑄刻銘文絕大都不是如此），所謂秦傳小篆尤爲明顯。這種嚴肅整飭書體有其時代背景，鑄刻於銅器時它是表個人與家族功蹟、光榮的成就象徵，或爲王公貴族禮樂祭祀或重要事件的紀錄，可說是重要的廟堂神聖器物書體；而如秦之石刻碑文亦是屬於歌功頌德、宣揚權威的字體。這類金屬器銘或石刻埤文之金石文字有著象徵意義的崇高神聖地位，書寫自不能輕率爲之，必定經由具有專業素養者嚴整規劃設計製成。以秦篆爲例，從青川木牘及睡處地秦簡等出土筆寫墨蹟可以獲得驗證，書寫墨蹟與刻銘文字其字相、字形全同墨書，僅有刀、筆差異。就文字通行而言，舉凡政府政令頒布宣達、公文書往復或是民間魚雁往返，欲達普遍而廣泛，以金石銘文書體是無法做到的，從近數十年來出土的簡、牘、帛等文字資料看，筆寫墨蹟的文字相貌才是當時書體的主流，也是當時文字的本來面貌〔註 150〕。

〔註 150〕 參見林進忠：〈傳李斯刻石文字非秦篆書法實相〉，《藝術學》第四期，7-88 頁，1990 年 3 月，藝術家出版社。

相較於嚴肅整飭一類的刻、鑄金石銘文，郭店楚簡《老子》的書法造形並無左右對稱、橫平豎直形態，它有斜筆斜體狀況、圓弧文字造形、筆斷意連篆字草寫情形等特色，顯得格外活潑生動，動感十足。

（一）斜筆斜體的狀況舉隅：

所謂斜筆斜體是相對於橫平豎直之平正字形而言，以下列舉不、足、之、可、弗、天等六字如（表 3-5-3），以秦系整飭文字與西周金文及竹簡《老子》字形對照說明：（字典未見之字以許慎說文收錄文字替代）

1.「不」

秦文泰山刻石具有典型橫平豎直、左右對稱形態，左右歧出等長、等高、等距，因此顯得莊嚴、平靜、安定；西周金文及竹簡《老子》甲、乙、丙橫畫均向右上傾斜，中間豎畫並不筆直，左右歧出筆畫也不對稱，呈左低右高動勢狀態。

2.「足」

許慎說文收錄秦文小篆筆畫均勻，字形平正端莊，中間「止」形豎畫筆直，左右筆畫等距對稱；金文及竹簡《老子》甲、乙、丙橫畫均向右上傾斜，中間豎畫亦作斜線，線質粗細變化有緻，字體姿態格外顯現飛動。

3.「之」

瑯琊台石刻線條粗細一致，底部橫畫部分呈水平狀態，豎畫筆直，間架等距，形體端正；西周金文和竹簡《老子》甲、乙、丙底部橫畫或圓弧或左傾，中間豎畫及左筆均作斜筆，右筆畫作反向近於直畫斜筆，筆順作左、中、右再底部橫畫之改變，更趨於便捷，字勢頗具動感。

4.「可」

瑯琊台石刻線質勻稱，上部橫畫水平，「口」形平正豎，豎鉤雖有微斜，仍不失安定；竹簡《老子》甲、乙上部橫畫顯著右仰，「口」形豎畫則較正，豎鉤弧度大，金文與丙本上端橫畫平正、但「口」形豎畫及豎鉤斜勢動態甚巨。

5.「弗」

許慎說文收錄秦文小篆橫平豎直，間架等距，字形平穩，線質勻整；金文及竹簡《老子》甲、乙、丙則作左右高底斜筆斜體狀況，線條粗細一任自然，字體動勢強而重心不失平衡。

6.「天」

秦王鐘橫畫水平，線條略有粗細變化，左右各二歧出等長、等高、等距，字形平正安定；西周金文與竹簡《老子》甲、乙、丙字形則呈現不等高、不等距，左底右高之斜筆斜體態樣。

以上舉隅，說明西周金文及戰國筆書字體，流露質變自然特性，線質有粗細、輕重變化，尤其橫畫呈向右上方傾斜爲書寫時腕部倚托物理慣性自然現象。西周金文與筆寫墨蹟之竹簡《老子》相同，字形呈現左右不對稱、不等高、不等距、橫畫傾斜、豎畫不筆直和線條有粗細變化之狀態，自然而且合乎力學邏輯，也因此，雖然字形傾斜角度頗大，動勢顯著，但其重心平衡，姿態優雅美妙。

表 3-5-3

秦文					
	秦山	說文	瑯琊台	瑯琊台	說文	秦王鐘
金文					
	金文 182	金文 214	金文 97	金文	金文	金文 166
老子甲					
	2-3	2-4	2-7	8-17	17-18	4-23
老子乙					
	16-8	10-3	3-5	8-18	9-25	1-4
老子丙					
	1-21	1-22	1-11	5-2	7-10	3-4

（二）圓弧的文字造形舉隅：

郭店楚簡文字幾乎所有筆畫皆作圓弧呈向內包裹式，線條圓轉多，方折少。所謂向內包裹式即上、下二橫畫作曲線向勢「⌒⌣」合包，左、右豎畫或部件亦作向勢曲線「( )」合抱狀，此種向勢內包式曲線組合後字形自然呈現圓弧造形，字勢更顯緊密扎實，頗具張力，《老子》甲、乙、丙字形亦是如此，茲各列舉六例字形（如表3-5-4）舉隅略述，並與金文對照比較：

1.《老子》甲

「智」：此字省一「口」形，左側「矢」形及右側「于」形橫畫作向下覆蓋狀，下方「日」形底部作Ｕ形狀，加上「于」形豎畫作「)」內包圓弧狀，上、下、右呈合抱筆勢，字形外輪廓線偏向橢圓造形，此種造形並非楚文字所獨有，比對金文「智」字造形亦是如此，《老子》甲「智」字除了少一「口」形外，其字形承襲商周金文，形貌改變不大。

「以」：左右二筆互包寫成，字形作圓弧向內捲曲，歧出短捷有力，形體成螺旋圓形狀；同形金文散氏盤「以」字，起筆甚長並加一折筆，形態修長，二者字相雖有不同，然而字形卻均作傾斜狀，僅有鑄、寫之別。

「百」：《老子》甲「百」字上多一飾筆，「白」形內多一橫畫，飾筆與上橫畫均作向下覆式，「白」形底部作圓弧Ｕ形狀，「白」形內二短橫亦作上、下合抱狀，字內空間緊密扎實，字態外輪廓線呈橢圓形狀，顯得活潑有動感；金文「百」字「白」形底部也作圓弧Ｕ形狀，但二條豎線及上橫畫平直，字內空間留白大且等距較顯鬆散，字形相較板滯，但二者均有粗細變化共同特徵。

「是」：字中較金文省一豎畫，每一線條皆呈曲線弧形，「日」形上、下二筆寫成，呈扁圓合抱狀，「日」內短橫作「⌣」形，所切割空間畫面不等分而緊實，「正」形上、下二橫線亦作圓曲合抱狀，中間二斜筆向內交集，使重心偏下，「日」形與「正」形上、下不對齊，上「日」偏右，下「正」偏左，上密下疏，姿態動感優美；《老子》乙「是」字圓弧曲線更大，上端「日」形似一筆寫成，形近於圓，下端「正」形上、下二橫線合抱態勢更強烈，字形整體外輪廓線呈圓弧形態，字內空間上密下疏；金文二例「是」字形體，上部「日」形雖亦作圓弧狀，但轉折處略呈方形，中端「十」形與下部「止」形筆直端正，字內空間勻整，字形呈長方形，莊嚴而隱重，然而刻鑄金文與筆寫墨跡「是」字其筆畫線條均有粗細變化相同特徵。

「能」：上部「⌇」形占據字形一半面積，形體與「以（⌇）」字同形作螺旋圓弧狀，「月」形及「比」形分據下部，字體呈橢圓形，其字形近於金文「能」字，二者外輪廓線相較金文字相長圓，《老子》甲字相較正圓，此字承襲自金文形體無太大改變。

「悶（畏）」：上部「田」形圓弧，頂端接筆處作歧出狀，內部「十」形作「乂」狀，「人」形作訛變作「八」形，「心」形置於底部，結構緊密安穩，字形外輪廓線呈橢圓形；金文「畏」字左側似「卜」形，右側上部「田」形，下部「人」形，字呈長方形。

2. 《老子》乙

「身」：此形甚為特殊，「人」形中間作「⌇」形，應是金文「身」字中段「⌇」所訛變，所有線條均作圓弧狀，字形外輪廓線呈橢圓形狀；金文「人」形下端多一短橫，與「人」形直線呈十字交叉，線條除中段「⌇」作圓弧線外，其餘均作直線，字勢挺直端正。

「為」：此字造字原形像「手牽象」，郭店楚簡《老子》乙「為」字「手」形置於左下方，「象」形省去四肢存鼻、耳、身，而身體僅作一圓弧形「⌇」與左側「手」形作向勢相對，與金文（鼎）同形，字相造形圓曲；另一金文（簋 199）「手牽象」之形甚明，二者比較，此形字相較挺拔；戰國文字雖承襲西周金文，郭店楚簡《老子》乙「為」字顯然已改變省形極大。

「矣」：此字上部「厶」形作圓弧「⌇」形，下部「矢」形上端作圓弧「⌒」覆蓋狀，中端橫畫作圓點，下端二筆分別作「〜」狀，整字均作圓弧線，字相呈現斜體圓弧態勢；石刻文字泰山刻石為標準秦文小篆字形，上部「⌇」形作水平狀，下部「矢」形下端二筆作直畫，上端雖作圓弧，但兩旁下垂直線延伸，間距勻等，線條勻稱，字勢長挺，較為板滯。

「昏」：上部「氏」形上端作大圓弧狀，下部「日」形二筆寫成，上、下合抱呈扁圓狀，字中二筆省形作向內小合抱圓圈狀，整體字形圓弧造形；說文「昏」字間架、線條勻等，字形長方。

「明」：右上「月」形特大，合包左下小「日」形，形成斜勢連結，字相呈橢圓造形；金文「明」字雖右側大「月」形亦合包左側小「日」形，但字態較平正，造形呈方形。《老子》乙「明」字承襲自商、周金文，字形演變不大。

3. 《老子》丙

「言」：上筆橫畫作覆式，下橫畫承襲金文，圓弧U形略微壓扁，二筆橫畫彎曲呈合抱狀，內二斜筆亦作合抱形，「口」形偏右，下部作圓弧U形狀與上筆橫畫呼應，字內空間壓縮，呈圓弧斜體態勢，緊實富動感；金文「言」字上橫線雖作圓弧，但線短且水平，中間豎線筆直，U形左右對稱，字相端莊勻稱呈長方形。

「而」：上橫線左低右高圓弧呈覆式，四筆下垂線自橫線中段偏左放射歧出，重心因而偏左，第 3 筆作直線外餘均作圓弧向內合包，間距雖近勻等，但長短不一、歧出點不同，甚富變化，字相扁圓帶斜勢；金文「而」字上橫短而平正，間架等距，左、右稍對稱，垂筆不等長，線條亦有粗累變化，但是字相較顯端正。

「和」：「禾」旁與「口」旁左右易位（於古文習見），「禾」形中筆作大圓弧線，與短「丿」涵覆「口」形，禾中「乂」形短捷密實，與「口」形接連呈斜勢態樣，字相外輪廓線呈橢圓狀；金文「和」字「禾」形左、右對稱，中線筆直，「口」形偏上端正，字相顯得平穩肅穆。

「家」：此形字上多一「爪（手）」符，「宀」部二筆作圓弧覆式，所有線條均作向內合包圓弧造形，字中極端緊密，與字下疏處成強烈對比，字相呈橢圓造形；金文「家」字線條雖亦作圓曲，然「宀」部二筆下拉筆直對稱，「豕」形作直式，字相較顯板滯。

「味」：「口」旁與「未」旁作上下排列（於古文習見）形式，橫線均作「⌢」形，直線作「)」形，字相外輪廓線呈橢圓；說文「味」字乃標準小篆形體，具有相關勻整特性，字相端正。

「豐」：上半部作二相對「爪」形呈圓弧狀，下半部「豆」旁作二圓圈一橫線狀，雖承襲商周金文，形體已有改變，字相呈圓的斜筆斜體態勢；金文「豐」字線條雖然亦作圓弧，但其字中豎畫筆直，左右對稱，字相顯較端莊肅穆。

表 3-5-4　金石文字對照表（金石無則以說文小篆替代）

老子甲	1-2	1-27	2-24	3-6	3-8	9-2
與老子甲對照	金文 182	金文 31	金文 184	金文 75	金文	金文 182
老子乙	7-2	8-1	8-10	9-12	10-8	10-14
與老子乙對照	金文 / 金文 199	金文	泰山	說文	金文 210	金文 36
老子丙	2-8	2-14	3-10	3-16	5-5	9-12
與老子丙對照	金文 20	金文 1	金文 2	金文 28	說文	金文

（三）筆斷意連的篆字草寫情形舉隅

戰國時期的郭店楚簡《老子》書法，字形雖然是字字獨立，每字均由各個單一線條所組合而成，但是，每一單字內各個線條間卻存在著互為關連、前後筆相互呼應，甚至二筆以上接連書寫的狀況。這種行草書特有鉤連帶筆的「筆斷意連」或「二筆以上連筆書寫」情狀在郭店竹書《老子》經常出現，為篆字草寫現象（見表3-5-5），茲舉隅略述如下：

1. 「筆斷意連」的鉤連帶筆情形

《老子》甲「民」字第2筆向上彎鉤、「前」、「果」、「能」、「勿」、「肰」、「人」、「所」、「聖」字豎鉤、主」字第4筆橫畫回鉤等皆與下一筆有著「筆斷意連」的前、後筆呼應關連性；《老子》乙「可」字「口」形第三筆承接前一筆、「厚」字第2、3筆鉤形、「亙」字的豎畫及「夕」形第2筆、「矣」字「矢」形的第3筆、「愛」字的第2筆、「矣」字「矢」形的第2筆、「是」字「正」形的第1筆、「爲」、「身」、「於」等字的豎鉤、「寵」、「攸」左斜鉤、「器」、「盈」、「屯」等字右斜鉤等均是「筆斷意連」的鉤連帶筆形體，其中「屯」字右斜鉤的起、收筆與楷書斜鉤幾無二致，以此形觀之，某些點畫的筆法於此時期即已與楷體近似；《老子》丙「即」字「匕」形第2筆、「也」字第2筆、「美」字「女」形第2筆、「樂」字「木」形第2筆、「無」字上端豎畫第2、4承接筆、「不」字第2筆、「而」字第2、4筆、「弗」、「孝」、「則」等字豎鉤等亦均帶有行草鉤連筆意、「筆斷意連」的狀況。

2. 「二筆以上連寫」的狀況

《老子》甲「之」字第3筆與第4筆連寫、「道」字「止」形第2筆與第三筆轉筆連寫、「弗」字中間「弓」形連續轉折並接連末筆（短斜筆）、「已」字三筆看似一筆即予完成；《老子》乙「王」字第3筆與第4筆連寫《老子》丙「臣」字外框二筆以一筆寫成，中間二筆亦以一第彎形帶鉤寫出。

以上舉隅為郭店楚簡《老子》甲、乙、丙本書法單字形體各個筆畫間帶有「筆斷意連」的鉤連帶筆或「二筆以上連筆書寫」的篆字草寫狀況，其各個筆畫間有帶筆及承接啟發相承的呼應動作，且行筆連綿關係緊湊，氣脈相貫。如此精熟的書寫技巧，顯然是訓練有數具有專業素養者所職司。

表 3-5-5

老子甲	1-5	32-12	31-26	32-5	15-9	14-3	17-12	18-9	24-19	23-6
	4-16	7-17	12-20	12-24	12-27	14-32	12-14	12-18		6-21 主
	4-10	4-19	4-21	7-19	7-15	7-23	12-29			7-8 已
老子乙	4-24	5-12	2-7	8-10	8-11	8-23	1-11	8-1	7-13	9-8
	6-16	17-14	12-6	14-7	16-9		22-19			
老子丙	1-17	2-21	7-11	4-13	5-4	5-9	7-3			3-20
	14-5	3-13	10-1